NTT ドコモ／森の木琴

NTT ドコモ ／ 森の木琴

OK Go "I Won't Let You Down"

Honda. Great Journey.

NA ：この国は、女性にとって発展途上国だ。
　　　限られた、チャンス。
　　　立ちはだかる、アンフェア。
　　　でも、迷うな。
　　　大切なことは、私自身が知っている。
S+NA：これからだ、私。
NA ：自分、という旗を立てよう。
S+NA：POLA リクルートフォーラム

NA ：この国には、幻の女性が住んでいる。
　　　世間が、そして私自身がつくった幻想。
　　　誰かの"そうあるべき"が重なって。
　　　私が、私の鎖になりそうになる。
　　　縛るな。縛られるな。
S ：これからだ、私。
NA ：翼はなくとも、私は、飛び立てる。
S+NA：POLA リクルートフォーラム

NA ：この国では、"2つの顔"が必要だ。
　　　個性を大切に、と学校は教える。
　　　空気を読め、と会社は言う。
　　　けれども、私は私。
　　　自分だけの風を、吹かせたい。
S ：これからだ、私。
NA ：私は準備ができている。世の中はどうだ。
S+NA：POLA リクルートフォーラム

女やったら、あきませんか。

一人の女性から、すべては始まったのです。1937年の京都。外の
仕事は男がするものという時代。女性にはまだ選挙権すらない時代。
セールスマン募集の看板を見た女性が、私たちの営業所を訪れま
した。女やったら、あきませんか、と。その瞬間、「女性がセールスを
リードする」という全く新しいアイデアが、ポーラの中に生まれました。

それが私たちの成長の出発点となり、現在では4万人もの女性
がビューティーディレクターとして働いています。今日この日にも
新たなメンバーを迎え、次なるステージに進もうとしています。私
たちは今、心から思うのです。女性の力は本当にすごい、と。

日本には、世界には、さまざまな問題が山積みとなっています。
解決するのは、目を見張る発明やテクノロジーだけでしょうか。
違うはずです。女性の力を企画的に解放すること、それも重要な
イノベーションだと思うのです。

女性の能力を、可能性を、どこまでも信じる。その大切さを、私たち
は身を持って知っています。今日3月8日は、国際女性デー。女性
のこれからを一人ひとりが考え、行動を起こす1日です。決して女性
やフェミニストのためだけの話ではありません。これは、人類全体
の可能性を広げようという話なのです。

女やったら、あきません。かつて、そう声をあげた一人の女性が
いました。自分の可能性を信じ、一歩を踏みだした、そして、すべて
を変えた一人の女性がいました。だからこそ、私たちははっきりと
こう言えるのです。世界を変えるのは女性だ、と。

POLA

高すぎたら、ダメだと思う。どんなモノでも、手が届かなければ、ないのと同じだからです。そもそもハイブリッドカーは、いちはやく、みんなに乗ってほしいクルマ、だからこそ、そのねだんには、環境性能と同じくらい大きな意味があるんだと、Hondaは考えるのです。ハイブリッドカーを、安くつくれ、性能も品質も落とさずに、それを実現せよ。そのために私たちは、たくさんのことを見直しました。ハイブリッドのシステムや素材そのものまで、いままでにない発想と技術でつくりかえました。そうして生まれた一台が、無数のムダをそぎ落とし、シンプルを極めたハイブリッドカー「インサイト」。これから次々世に送り出す「グリーンマシーン」の第1弾です。お披露目できるその日まで、ちょっとだけお待ちください。そしてこのクルマ、ちょっとだけご期待ください。

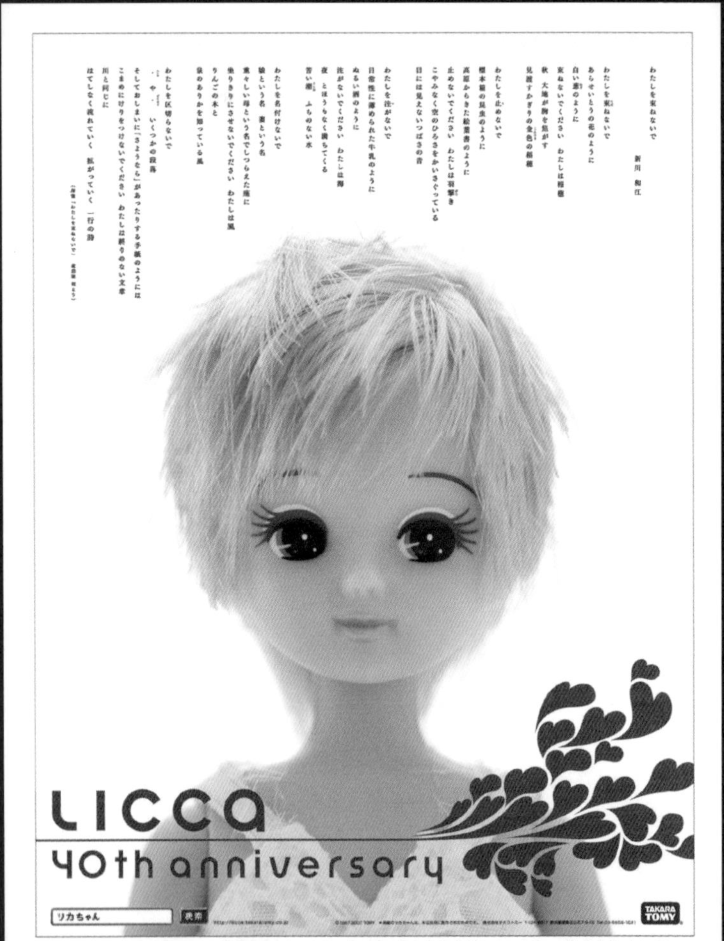

タカラトミー ／ Licca World Tour

採用の
履歴書から
顔写真を
なくします。

もっと早く、こうするべきでした。 女性のしんどさは、きっと私だけではない、生き方のすべてにダメージの可能性は存在している、そんな思いから、私たちは LUX Social Damage Care Project をスタートさせました。はじめのアクションは、採用において あなたを「性別」から解放すること。ユニリーバ・ジャパンへの就職を希望する方に関して、ジェンダーや容姿ではなく「個人の意欲と能力のみに焦点を当てていく」ことを約束します。そのためにまず、履歴書から顔写真をなくすことに取り組みました。写真を見かけ、意識せずとも「参考」の印象がこころに確かにあるはずれそれられる。「見た目」によとらわれずあなたを自由させること、女性が社会で輝くために必要だと私たちは判断したのです。さらに、性別につながるおそれのある情報は、ファーストネームにいたるまですべて採用担当者の目からシャットアウトすることを決断します。この取り組みは、LUX だけできる（運命に関わるすべての方々にご協力いただき）熱量でもめ゛宿をを、いかなる採用ルートでも徹底していくことを誓います。あなたが、ごぶんの選んだ場所でごぶんらしい生を送てるように、私たちはいちばん近くで女性の輝きをサポートしていきます。　#性別知ってどうするの

女性はみんな、輝く権利をもっている。
LUX Social Damage Care Project

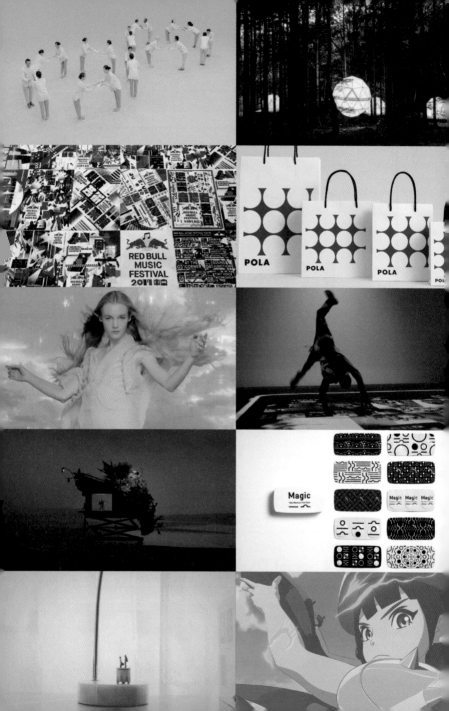

暖パン。 WARM LINED PANTS

OIOI

Sport
ncept
08

EGYPT
Honda
Great Journey.
GIZA
...
a. Great Journey.

da.
EAT
NEY.
ENTPT

CREATIVE SUPERPOWERS

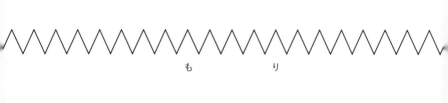

もり

クリエイティブ入門　原野守弘

人間はみずからが愛するものごとによって、形づくられる。 ── ゲーテ

We are shaped and fashioned by what we love.
- Johann Wolfgang von Goethe

はじめに

　この本を書いてみようと思ったきっかけは、ある講演会で経験した不思議な体験に遡る。

　僕は広告の仕事をしているので、広告業界向けの講演会でクリエイティブやブランディングについてよく話すのだが、たまたまある講演を聞いたビジネスパーソンの方から「原野さんの話が面白かったから、うちの会社でまったく同じ話をしてくれないか」という依頼をいただいたのだ。しかも、同時に複数の会社から。

　いずれの会社も、広告とは無関係な業種で、聴衆もクリエイティブの仕事とは関係ない、営業や経理、開発者の方々だった。あまり自信がなかったのだが、せっかくご依頼いただいたので引き受けることにした。そして驚いたことに、これらの講演会が非常に好評だったのだ。

　これには僕自身が一番驚いた。数年前から、この本の編集者である古下頌子さんに「一般的なビジネスパーソン向けのクリエイティブ入門書」という企画をいただきつつも、なんとなく確信がもてず、気が進まなかったのだが、その体験がきっかけとなって一気に書き上げたのが、本書だ。

この本は、「ビジネスパーソン」や「クリエイティブ初学者」のための「クリエイティブ入門書」だ。

　クリエイティブな仕事のプロセスは、一般的なビジネスパーソンからは「ブラックボックス」のように見えることが多い。しかし、実際は「ブラックボックス」ではなく、そう見える人は「目を閉じている」だけ、というのが本当のところだ。本書のひとつの目的は、この「開眼」を体感してもらうことにある。

　また、ビジネスパーソンにとって、クリエイティブの世界は一見、排他的に見える。「クリエイター」と呼ばれる人々は、ここちよい仲間うちのコミュニティの中で過ごし、その中だけで通じる言語で話し、外側の人々に対しては少しよそよそしい。実際のところ、これは単にシャイだったり、ナイーブなだけだったりするのだが、一般の人にはそうは見えない。

　僕自身が、その「疎外感」を経験してきた。

　今でこそ僕はクリエイティブディレクターとして活動し、「クリエイター」と紹介されることも多いのだが、これは34歳以降の話だ。それ以前は、クリエイティブの外側の世界で、まさに「ビジネスパーソン」として生きてきた。

　具体的には、広告代理店に勤めてはいたものの、メディア部門に在籍し、媒体の枠を売る仕事をしていた。10年以上セール

スを経験し、トップセールスになったこともあるのだが、ある日キャリアを変えたいと考え、ちょっとした裏ルートから、未経験のまま「クリエイティブディレクター」に転身した。いわば、ある日突然、「川」を渡ってクリエイティブの彼岸にやってきたわけだが、こうした経歴はこの世界ではやや異色なものだろう。

　川を渡った経験からすると、「向こう側」と「こちら側」で、何が同じで何が違うかがよくわかる。本書の目的はそのことを、ビジネスパーソンやクリエイティブ初学者に対して、わかりやすく説明することにある。

　というのも、僕も初学者の頃、クリエイティブの天才たちが書いた本をたくさん読んだ。今思うとどれも素晴らしい本ばかりなのだが、どの本も最初から「川」を渡った彼岸で育った天才たちが書いているので、まだそれを渡っていない僕たちには、それらの本当の意味がつかみにくいことがあるのだ。

　これは、ありとあらゆる地雷を踏んで、傷だらけになりながらここまでやってきた僕だからこそ、自信をもって書けるテーマだと思う。

　そして今、すべてを書き終わり読み直してみると、なぜ冒頭の僕のセミナーが広告クリエイティブと一見無関係な人たちに

好評だったのか、少しわかるような気がする。

　僕は「広告のつくり方」の話をしているつもりだったのだが、実際には、それは広告だけにとどまらず、音楽や映画といったエンターテイメント、新商品の開発、人材の集め方など、ジャンルを問わず、人間が何か新しいものをつくりだそうとするとき、そのすべてに関わる「人間という生き物がもつ習性」についての話だったからだと思う。

　今はAIが発達して、あらゆる問題に「正解」がすぐに出る。つまり「正解過剰の時代」を僕たちは生きているわけだが、そこで、よりよい答えや、それを導く「よりよい問い」をうみだすために必要になるのが創造性だ。そしてその基礎になるのが、「人間という生き物がもつ習性」についての理解だと、僕は思う。

　クリエイティブに関する本は大抵、クリエイティブな正解に近づくための「ハウトゥ」や「手法」を示すものが多いが、本書の関心事はそこにない。

　本書がフォーカスしているのは、何か新しいものをつくり出すために、今を生きるために、そしてクリエイティブな問いを立てていくために、必ず求められることになる、「人間という生き物がもつ習性」の理解なのだ。

　本書により、その理解を通じて、読者の活動や仕事がより

クリエイティブで、より豊かなものになっていくことを、筆者として心より願っている。

　最後に、本書の企画を考えていただいた編集者の古下頌子さんに心より感謝したい。古下さんの企画がなければこの本がうまれることはなかったし、内容やデザインについて、素晴らしいアイデアをたくさんいただいた。ありがとうございます。

　また、2001年から20年にもわたり僕のアシスタントを務めてくれている清水もとこさんに、この本を捧げたい。本書に登場するすべての仕事は、彼女の献身的な支援なしには実現しなかったものばかりである。

2020年11月23日
白金台の都ホテルのラウンジにて

ビジネスパーソンのためのクリエイティブ入門　目次

第一章　感情に訴えろ

第二章　「好き」というプログラム

第三章　クリエイティブ必勝法

第四章　「好き」が世界を動かす

第一章　感情に訴えろ

ハリウッド映画とプレゼンテーション

　未経験のままクリエイティブの世界に飛び込んで間もない頃、あまりにも鳴かず飛ばずだった僕を見かねて、師匠の杉山恒太郎さんが岡崎孝太郎さんを紹介してくれた。当時、岡崎さんは電通を退社し、アカウントプランニングの会社「SONAR」を設立し、非常にクリエイティブなストラテジストとして活躍していた。

　岡崎さんのオフィスで緊張したまま挨拶をすませると、早速ある雑誌の創刊キャンペーンの企画書を見ていただけることになった。

　SONARの会議室の大きなプロジェクターにプレゼンテーションの表紙を映し出し、僕がプレゼンを始めようとすると、岡崎さんは「あ、じゃなくて、ライトテーブルを見せて」と言った。ライトテーブルというのは、プレゼンテーションのスライドをずらりと並べて台割りを見るための俯瞰モードのことだ。

　岡崎さんは、スクリーン正面の椅子にどっしりと腰をかけ、黙ってしばらくライトテーブルを眺めた後、僕にこう聞いた。

　「原野くん、ハリウッド映画のクライマックスで、もっとも有効なセリフって何だかわかる？」

　え？と面食らう質問だった。このプレゼンといったいどういう関係があるのだろう？とも思ったし、質問の答え自体もまったく想像がつかなかった。

「えっと、アイラブユーとかそういうことじゃないですよね……」とお茶を濁しながら答えようとすると、岡崎さんはそれを遮り、きっぱりと、

「正解はね、無言。」

と言い切り、にっこりと笑いながら僕の方を見た。その意味がわかるか、と。

　もう完全にどうしていいのか、わからなかった。そもそも大先輩に企画の指導をうけるだけでも緊張しているのに、一秒もプレゼンさせてもらえず、ただライトテーブルをざっと俯瞰して見てもらっただけ。しかも質問は、関係なさそうなハリウッド映画についての質問。いったいこの人は何を考えているのだろう、と。

　僕が完全に戸惑っていると、岡崎さんはお構いなしといった感じで、ハリウッド映画の「脚本の法則」について、淡々と話し始めた。

　それは、いわゆるヒーローズ・ジャーニーを発展させた、ヒッ

ト映画に共通する物語の運び方の理論だった。「平凡な日常」
から始まり、「非日常への誘い」などを経て「事件の発端」が起
きる。「試練、仲間、宿敵との出会い」などを経て、「最大のチャ
レンジ」を迎え、「勝利」し「帰路」につく、そして……と続い
ていく。その中でクライマックスは「最大のチャレンジ」「勝利」
といった部分であり、こういう部分はたいていセリフはなく、
映像と音楽だけでオーディエンスをぐんぐんと引き込んでいく
のだ、と説明してくれた。

　それ自体は非常に面白い話だったが、ますますプレゼン指導
との関係がわからず、僕はぽかんとしていた。すると、岡崎さ
んは黙ってスクリーンに映るライトテーブルを指差した。そこ
で、はっと気づいた。鳥肌がたった。

　岡崎さんは、**映画のようにプレゼンをつくれ**、と教えてくれ
ているのだ。プレゼンテーションの目的は説明することでも、
理解させることでもない。聞いた人の「感情を揺さぶる」こと
が目的だろ？と。

　僕のプレゼンテーションは自分が考えた企画をただ説明して
いるだけだった。そうではなく、映画のようにプレゼンをつ
くりなさい、と。「課題の整理（＝平凡な日常）」などからさら
りとスタートし、「今回のミッション（＝事件の発端）」を再確
認、「商品や市場についての洞察（＝試練、仲間、宿敵との出
会い）」など話を広げた上で、スパッと「ビッグアイデア（＝

最大のチャレンジ）」へ。ここから先は、クライマックス（＝勝利）。だから「無言」で。企画の実施案などをすべてビジュアル化し、何も言わずにスライドを送っていく。説明などしなくても、自ずとクライアントにアイデアが伝わっていく。クライアントがため息をもらしたり、思わず泣いてしまったりすることを想定して……。

プレゼンテーションが終わったとき、ちょうどひとつの映画を見終わったときと同じような気持ちになるように。思わず拍手してしまう、涙をふきながら「これだよ！」と言ってくれる、握手を求められる、そんな後味になるようにつくってごらんと、岡崎さんは教えてくれた。目からうろこが落ちる出来事だった。

もちろん、この指導をいただいた後、そのプレゼンは見違えるようによくなった。それだけでなく、その他の仕事でも、企画段階から何を目指せばいいのかが明確になり、しばらく文字通り「常勝」状態が続くようになった。今でも、初めて僕のプレゼンテーションを見た営業は驚くし、「何年か前の原野さんのプレゼンテーションを今でも保存しています」というような嬉しい声も聞く。

すべては岡崎さんのお陰なのだが、彼が教えてくれた、たったひとつのことは「感情に訴えろ」ということだった。そして、この「感情に訴えろ」こそが、本章のテーマだ。

正しいという罠、理解という宗教

　ビジネスパーソンとクリエイターの最大の違いは、人間観だと思う。

　ビジネスパーソンは、人間を論理的な生き物だと考えている。だからこそ、ビジネスの基本は「理解」にあると考えている。

　たとえば、何かものを売ろうとするとき、新しい商品を開発するときに、理解できないものを中心にものごとを進めることはまずない。まず商品や環境について「理解する」ことから始め、必要であれば調査などをして「理解を補う」。またそれをお客に売り込もうと考えるなら、それを「理解させる」ために説得を試みる。

　広告代理店のクリエイターが提案してきた広告のアイデアも、まず自分自身でそれを「理解しようとする」し、消費者がそれを「理解できるか」を考える。「自分が理解できないもの」は採用したくないし、自分が理解できたとしても「お客が理解できない」「上司が理解できない」のではと心配し（たいていのビジネスパーソンはお客や上司をバカだと仮定している）、そういう場合にはもっとわかりやすいものを、と「理解しやすい提案」を要求するのだ。

　しかし、これは「理解」という名の宗教に過ぎない。

　人間を「論理的な生き物である」と仮定するがゆえの罠に陥っているのだ。

　人間に論理的な側面があることは否定しないが、人生の多くの場面において、人間の決定はかなり非論理的である。

　体によくないと知っていながら高脂質な食事を続けてしまうのはなぜか。コンビニエンスストアや自販機に並ぶ飲料をたいして比較検討もせずに購入するのはなぜか。科学的に見えるだけでたいした効能もない栄養タブレットの類を買ってしまうのはなぜか。100%論理的に正しいプレゼンテーションを受けたにも関わらずそれを却下してしまったり、プロが時間をかけてフィニッシュしたデザインを自分が素人と知りながら思いつきで修正をしてしまうのはなぜか。論理的に比較したら同等でもっと安い競合商品があるのに、わざわざAppleの商品を購入してしまうのはなぜか。

　こうして考えてみると、むしろ人間は非論理的な生き物と考えた方が正しいのではないかと思えてくる。であれば、人間を真に「突き動かすもの」とは果たして何なのか？

　この答えを見つけるために、セールスマン時代から、僕はいろいろな書物やスピーチを研究した。

ペテン師、社会心理学、行動経済学

　一番最初に興味を持ったのは、詐欺や悪徳商法だ。僕は広告代理店で媒体のセールスをする中で、商品はいいのに売り方があまり上手でないクライアントをたくさん見てきた。一方、詐欺や悪徳商法は、商品はインチキだが売り方がとても上手い。もし、詐欺や悪徳商法の人たちが利用している、人間を「突き動かすもの」がわかれば、売り方が上手ではないがよい商品を持っているクライアントの売り上げを、飛躍的に伸ばすことができるのではないかと考えたのだ。

　この研究はなかなか面白かったが、結論を言うとあまり役に立たなかった。今思うとずっと掘り下げていけば、その本質にたどりつけたかもしれないが、事例を調べていくうちに、詐欺や悪徳商法というものはサスティナブルでないという致命的な欠陥に気づいたからだ。一度は騙せるかもしれないが、騙したことがバレれば信用に大ダメージを食らうので、二度目はない。常に匿名で行動し、焼畑的に次々と新しいカモを見つけていかなければならないのだ。だから、これの奥義を極めてもクライアントに応用することはできない、と気がついた。

　また、詐欺やペテンというものは、基本的に「騙される側が、自分の信じたいものを信じようとする」性質を利用している。これは、広告にも少し応用が効きそうな話ではあるのだが、前項に書いたように、やはりサスティナブルではない。

　次に目をつけたのが、社会心理学という学問だった。最近はビジネスパーソンの世界でも『影響力の武器』（ロバート・B・チャルディーニ）を推薦図書として挙げる人も出てきたが、当時はまだ大変マニアックで高額な学術書であり、書店の片隅にひっそりと置かれていた。

　この本は一言で言えば、説得力を上げる心理的なテクニック集、といった感じの本だ。相手にYESと言わせる確率を上げるために、本命の質問の前にある別の質問を加えると、加えない場合にくらべてYESと言わせられる確率が何%上がるとか、白衣を着て質問した方が着ない場合で質問するより何%効果的であるとか、そうした心理学の実験結果に基づいた技術を解説している。

　それ以前に研究していた詐欺や悪徳商法よりも、だいぶスマートな印象で商業的な再現性も高いものが多い。同書の著者は悪用を厳しく禁じていたが、実際には多くのテレマーケティング企業（生命保険会社など）がこの本を参考にして電話セールスのスクリプトをつくり、実践を通じてPDCAを回しながら、その精度を向上させているとも聞く。

　しかしながら、この社会心理学の法則をいくら学んでも、クリエイティブな企画づくりには役立ちそうになかった。販売促進の限定的な局面では、その効果効率を数パーセント単位で向上させることはできそうだったが、大きな世の中の流れを

変えるような、人の心を掴むアイデアは得られそうになかった。

　こうして、詐欺、悪徳商法、社会心理学など、人間を「突き動かすもの」の正体を探る研究活動を続けていたわけだが、その中でついに本命と言えるものに出会うことになる。それが「広告」だった。

　2003年のカンヌで、僕は「広告」に出会った。

「広告」と「ディープラーニング」

　この流れで「広告」と出てくると、なんだ広告かと肩透かしをくらった気になる人も多いかもしれない。ただ、その人たちが「広告」と聞いて想像しているものは「販促」だと思う。

　「広告（Advertising）」と「販促（Sales Promotion）」は似ているようで、まったく違う。広告は「ブランドを好きにさせること」が目的で、販促は「商品をたくさん売ること」が目的だ。目的が違うのだ。

　日本には宣伝という言葉もあっていっそう混乱しやすいのだが、日本において広告や宣伝と呼ばれているものの99％は販促であると思う。現在の日本で「広告」を見かけることはほとんどどない。

　だから、日本からカンヌに行って、初めて海外の広告を見た
人の第一印象は「なんだか違う試合を見ている感じ」というよう
なものだ。シニカルに「あれで売れるのか？」などとマウント
をとろうとするおじさんも出てくる。

　しかし、この問い自体が間違っている。
　売るつもりは、ないのだ。
「広告」の目的は、売ることではないのだ。

　日本でよく見る「販促」とはまったく違う、本物の「広告」に、
僕はただただ圧倒された。日本ではあまり見かけない60秒以
上ある長尺のフィルム広告や、超シンプルなグラフィック広告。
ユーモアやインテリジェンスを感じさせる一方で、涙が止まら
なくなるような感動的なものも多い。洞察溢れるコピーで締め
くくられた直後に、ぽんとロゴが出ると、そのロゴに向かって
思わず拍手をしたり、お辞儀をしたり、ハグしたくなるような
不思議な感情。たった一回、その広告を見ただけで、その
ブランドに対する思いがまったく変わってしまう魔法のような
体験。カンヌはそうした優れた広告を世界中から集めた祭典
だから、次々とそんな広告を見せられて、気分がすっかりハイに
なり、高揚したのを覚えている。

　間違いなく、人間を「突き動かすもの」がそこにあった。次
の疑問は、その「原理」は一体何なのか？ということだ。ひと
つひとつの広告を何度も繰り返し見て、いろいろな仮説を立て

てみることを行った。

　自分はもともと原理や法則が好きな人間だった。小学生の頃、マイブームだったことは「今この瞬間におきていることを異星人に説明するとしたらどうするか」遊びだった。たとえば、運動場に並んで朝礼をしている。この瞬間を異星人に説明するには、まず学校という存在を説明する必要がある。そして先生と児童というグループの違いも説明する必要がある。その上で、壇上に立っている先生（校長）は先生グループのリーダーであり、児童グループに対して先生グループの権力を示すために、児童グループを整列させ、身動きができない状態にして、訓話をするのだ……といった具合にだ。電車に乗り検札をうける瞬間や、デパートでエレベーターに乗る瞬間など、ことあるごとに僕は頭の中の異星人に説明をしていた。

　そんな癖を持っていたので、会社に入ってからも、「これを異星人に説明するとしたら」と考える癖が抜けなかった。この癖は、ものごとを抽象化してとらえる基礎訓練になっていて、いろいろな新しい概念を自分なりに理解する上では役に立っていた。カンヌで出会った膨大な名作広告を前に、僕はこのプロセスを繰り返した。

　もちろんこれは、広告の、そしてその中にあるはずの「突き動かすもの」の正体を知るためである。その年のカンヌで出会った広告について、こうした分析を一通り行ってみたが、優

れた広告を「万能に説明する理屈」は見つけられなかった。そこで僕は、その年だけでなく、過去の名作広告についてもこれを行い始めた。カンヌだけでなく、D&ADや日本のTCC賞などについても、その年鑑を広告図書館で借りて、分析を試みた。

　結論から言うと、このプロセスをいくらやっても、すべてを解き明かすひとつの原理のようなものはわからなかった。しかしながら、この「クリエイティブ原理主義」的な探究プロセスそのものには、非常に大きな意味があった。僕はのちにこれを「ディープラーニング」と呼ぶようになるのだが、ちょうど写経のように、意味や原理などわからなくても、とにかくよいものをたくさん見るというのは、クリエイターとして活動していく上では非常に重要な財産になる。

　人間の脳は、AIと同じく（そもそもAIが人間の脳を模してつくられている）、意味や原理などの理解は放っておいたまま、「これがいいものだ」というものをたくさん見続けると、自然に「いいもの」に出会ったときに体（脳）が反応するようになっていく。比喩的な言い方をすれば「いいものの匂い」がわかるようになる。「センスがいいもの」と言うこともできるが、そもそも「センス」というのは、こうした「感覚」のことを言うのではないだろうか？

　論理的な証明にはならないだろうが、僕がこのディープラーニングと呼んでいる学習プロセスに確信を持っているのは、当

時それらの年鑑を借りるとき、本についていた貸出カードに、佐藤雅彦さんや岡康道さんといった一流プレイヤーたちの、その若き頃の筆跡を確認していたからだ。こういった本を借りる人は正直それほどいなかった。しかしながらどの貸出カードにも登場する常連はすべて、僕でも名前を知っているような一流プレイヤーばかりだったのだ。僕は「なるほど、秘密を見つけたぞ！」と嬉しくなったのを覚えている。

　当時はドリルを設立して間もない頃で、仕事はまったくなかった。とにかく暇だったので、一発逆転を狙うつもりで、こうしたディープラーニングをひたすら行っていたわけだ。

　さて、話を少し戻すと、かなりの量のディープラーニングをこなしてみても、原理主義的な「感動の秘密」「すばらしい広告のつくり方」「クリエイティブ必勝法」のようなシンプルな理屈にはたどりつけなかった。しかし、ディープラーニングの効果で、広告づくりのセンスや勘のようなものは徐々に発達していき、僕がつくる広告も少しずつよくなっていった。

人間は感情でしか動かない

　その後、「森の木琴」が世界中の広告賞でたくさんの賞を受賞した頃、僕は少し有名になり、講演を頼まれることが増えていった。そこでみんなが感動するような上手な講演をするには

どうしたらいいかを考えるようになり、お手本になるものを探していた。そのとき偶然に出会ったのが、サイモン・シネックの『優れたリーダーはどうやって行動を促すか』というTEDのビデオだ。20分にも満たない短いビデオなので、ぜひ実際に見ていただきたいが、彼の主張を要約すると次のようになる。

　彼のテーマは、特定のリーダーやブランドだけが、なぜ「突出した影響力」や「人を動かす力」を持つのか、ということだ。

　彼は優れたリーダー（広告においてはブランドと読み替えてもいい）の情報発信の仕方を、ゴールデンサークルとよばれる三重円を用いて説明する。

　What - How - Why。一番外側の円は、What。これは「自分がしていること」。つまり、事実。企業なら事業内容や商品のファクトを指す。Howは、「どのようにしているか」ということ。つまり、手法。企業なら差別化ポイントや独自のプロセスなどを指す。最後に、Why。「なぜやっているか」。つまり、信念。企業で言えばパーパスやコーズといった、存在意義や社会的大義のことを指す（利益は目的ではなく、結果だと彼は断言する）。

　そして、普通の企業が広告をつくるときは、たいてい、What → Howを語るだけで、Whyを語らないという。

「我々のコンピュータは素晴らしく、美しいデザインで、簡単に使え、ユーザフレンドリー。ひとついかがですか？」[1]

一方、Appleのような強いリーダーシップをもつブランドは、まずWhyを語り、その後、HowやWhatを語るという。

「我々のすることはすべて世界を変えるという信念で行っています。人とは違う考え方に価値があると信じています。私たちが世界を変える手段は、美しくデザインされ、簡単に使えて、親しみやすい製品です。こうして素晴らしいコンピュータができあがりました。」[1]

話す順番の違いなのだが、残る印象の違いは否定できないほどはっきりしている。

僕と同様、初めて聞いた人は、この段階ですでにうっとりしてしまう。しかし、彼はなぜこの違いが生じるのか、その理由を明快に説明する。これは心理学ではなく、生物学と強調し、ゴールデンサークルが人間の脳の構造と一致しているからだ、と話を進めていく。

Whatの部分は合理的な思考や言語を司る「大脳新皮質」に対応し、HowとWhyは感情、信頼、忠誠心などを司る「大脳辺縁系」に対応するという。また大脳辺縁系は、ヒトの行動を司りすべ

ての意思決定を行うが、言語能力はない、とする。

　したがって、Whatから始まる、外から内側へ向かうコミュニケーションでは、大量の複雑な情報（機能やメリットや事実や数値）を理解できるが行動にはつながらない。一方、中心（Why）から外側へ向かうコミュニケーションでは行動を制御する脳の部分と直接コミュニケーションすることができ、合理的な説明や理解は後付けで行うことができる。そして直感的な決定はここからうまれるという。

　彼は、さらに「時には誰かにあらゆる事実やデータを伝えても『細かい事実はわかったけど、どうも納得感が得られない』と言われることがあります」と続ける。彼は問う。なぜここで「感（原文：feel right）」という言葉を使うのか、と。その答えは、脳の意思決定をする部位は、言葉を扱えないからだ。

　初めてこの話を聞いたときに、僕は鳥肌がたったのを覚えている。なぜなら、僕が長年取り組んでいた「クリエイティブ原理主義」に対するアプローチが、根本的に間違っていたことがわかると同時に、やってきたことは無駄ではなく、意味はあったことがわかったからだ。

　つまり、僕は優れたクリエイティブがなぜ優れたクリエイティブになるのかを言語的に理解しようとしていた。写経のように世界の広告年鑑をひたすら眺めながら、なぜこの企画が

ぐっとくるのかを、言葉にしたり、図解したりして、説明しようとしていたのだ。

　しかし、シネックの説明によれば、それは無理ということになる。なぜなら、**その広告をすばらしいと思ったのは、「僕」ではなく、「僕の大脳辺縁系」だったからだ。**

　少し回りくどい言い方だが、ここが大切だ。「僕」つまりデカルト的な実存としての「僕」（僕という自意識が認識している範囲の僕）は、いわば「大脳新皮質の僕」なのだ。その「大脳新皮質の僕」は言語を扱えるから、目の前の名作広告がなぜ名作広告なのか、について言語で説明しようと必死になる。

　しかし、実際のところ、その広告をすばらしいと思ったのは「大脳新皮質の僕」ではなく、「僕の大脳辺縁系」だったのだ。そして、それは言語を理解することができない。つまり、**その感動を論理的に言語で説明することは、そもそも不可能なのだ。**

　もちろん「大脳新皮質の僕」が納得するような理屈をでっち上げることはいくらでもできる。「別の大脳新皮質」（つまり誰か）がそれを聞いたら、なるほど、と膝を打つような理屈をこねることもできるだろう。しかし結局のところ、その理屈は真理ではないし、聞いた側のなるほど「感」も、それを聞いた「別の大脳辺縁系」の感情的な反応に過ぎないのだ。

　僕の「クリエイティブ原理」探究の旅は、ある種の地平線に
たどりついた。優れたクリエイティブが優れている理由は、そ
もそも「説明することはできない」。なぜなら、優れていると
感じる脳の部位は「言語を扱うことができないから」。

　そして同時に、僕のクリエイティブ原理主義は、新しい視点
を持った。それは、「大脳新皮質の僕」と「僕の大脳辺縁系」と
いう二人の僕だ。

　**同時にこれは、すべての人が、「大脳新皮質の自分」と「自分
の大脳辺縁系」というように、「二重の自分」を持っているとい
うことでもある。**

　つまり、人間は「二人羽織」のような生き物なのだ。自分と
いう人間の中に、本人自身でも説明できない生き物（大脳辺縁
系）を飼っているイメージだ。そして実際のところ、その人間
の行動は、その生き物に支配されている。飼われているのは、
「大脳新皮質の自分」なのである。

　ここまで書けば勘のいい読者は気づいたことだろう。この人
間の二重性への理解が、ビジネスパーソンとクリエイターをわ
かつ分断の正体なのだ。

　この章の初めのほうに「ビジネスパーソンは、人間を『論理
的な生き物』だと考えている。だからこそ、ビジネスの基本は

『理解』にあると考えている」と書いた。「理解」という名の宗教だ、とも書いた。「二人羽織」理論で言えば、**ビジネスパーソンの多くは「大脳新皮質の自分」だけが自分であると思っているということになる。**だから、人間を論理的な生き物と考え、理解を重視する。

　一方、クリエイターは「自分の大脳辺縁系」の存在にリアリティを感じている。人間はそもそも不合理的であり、言葉では説明できない感情が人間を支配していると経験的に知っている。むろん「大脳新皮質の自分」を否定しているわけではないが、自分の行動を握っているのは「自分の大脳辺縁系」であるとも知っているのだ。

　もちろん、ほとんどのクリエイターは「大脳辺縁系」や「大脳新皮質」といった言葉は知らないだろう。しかしながら、自分の中に自分では説明できないが自分自身を「突き動かすもの」が存在していることを知っているし、信じているのだ。

　一般的にはその「突き動かすもの」を「感情」と呼んでいる。

　ところで、ビジネスパーソンとクリエイターの違いは、生来のものなのか。僕はそうではないと思う。もともと誰もがクリエイターとしてうまれる。しかしながら、教育や道徳といった社会制度が「感情」を抑制し、論理的に生きていくこと、理解を重んじることを要求するため、次第に二重構造の自分を忘れ、

一元的に人間をとらえるようになってしまうのだ。

　パブロ・ピカソは、こう言っている。

　子供は誰でも芸術家だ。
　問題は、大人になっても芸術家でいられるかどうかだ。
　（Every child is an artist.
　The problem is how to remain an artist once he grows up.）

直感の正体

　さて、ここで「感情」というキーワードが再び出てきた。

　ここに達するためにかなりの紙数を割いた。もちろん、最初から「ビジネスパーソンとクリエイターの違いは『感情』を重視するかしないか」とだけ書くこともできたのだが、それでは伝わりにくいと考えた。なぜなら、そのように書くと、ビジネスパーソンは「感情」という言葉を、大脳新皮質で処理して「理解」した気になってしまう。それでは、この分断を超えたことにはならない。あくまで人間の中には自分の意識（大脳新皮質）が理解できない存在（大脳辺縁系）があり、それが実際のところ人間の行動を仕切っているイメージを持ってもらうことが肝心なのだ。

さらに疑り深いビジネスパーソンのためには、「感情」を科学的に説明する必要があるかもしれない。

　実は、僕自身もそう考えた。科学的な証拠が欲しい。そこで出会ったのが、米国の著名な脳科学者である、アントニオ・R・ダマシオの『感じる脳』という本だ。

　この本は、脳科学の成果とスピノザの哲学を融合させようとした野心的な論考なのだが、後半のスピノザ関連部分まで読み進まなくても、前半部分の「感情」についての科学的な分析を読むだけでも十分に興味深い。

　ダマシオは、前頭前野腹内側部（VMPFC：ventromedial prefrontal cortex）を損傷した患者を研究した結果、彼らが知能を測る様々なテストにおいて好成績をおさめているにも関わらず、いざという行動の局面において適切な意思決定や行動ができないことを発見した。このVMPFCは「情動」を誘発する重要部位であり、その損傷は「情動」の欠如を招く。つまり、ダマシオは、「情動が欠如すると、知能が健全でも、意思決定や行動には異常が出る」ことを見つけたのだ。

　彼はこの発見から、人間が意思決定を行うとき、熟慮に基づく意識的な選択の前に意識外のレベルでの選択を先行させており、「情動」はこの意識外の選択にバイアスをかける重要な働きをしている、と考えた。僕たちの言葉で言えば、「大脳新皮

質の自分」が意思決定を行う前に、「自分の大脳辺縁系」がその方向を決めている、ということになるだろう。

　ここで「情動」という言葉が出てきたが、ダマシオは「情動（emotion）」「情緒（feeling）」「感情（affect）」という言葉を区別して使っている。彼は、人間の脳には身体全体の状態を常にモニターしている領域があり、脳にモニターされマッピングされた身体的反応のことを「情動」と呼んでいる。そうした身体的反応が、それを引き起こした対象と共に表象されたときに何らかの「情緒」が生じて、自覚的に意識されると考えている。そして、これら「情動」と「情緒」の諸過程をすべて含む上位概念として「感情」という言葉を使っている。

　そして「感情」の重要な機能は、無自覚的に意思決定の範囲を狭めることだと彼は言う。簡単に説明すると、人間が意思決定を行うとき、熟慮に基づく意識的仮定に先立つ無自覚的なプロセスとして、過去の経験から選択肢それぞれにプラスとマイナスの感情のラベルを付け、有利なプラスの選択肢をとりやすく、不利なマイナスの選択肢を排除することで、意思決定空間を狭めることが行われている。

　つまり、なんかかっこいい、なんかあやしいという「直感」の正体がこれである。

　シネックが言うように、会議の場で時には誰かにあらゆる事

実やデータを伝えても、「細かい事実はわかったけど、どうも納得感が得られない」と言われることはよくあることだ。つまり、受け取った情報を「大脳新皮質の自分」が自覚的／意識的に意思決定を行おうとする、それ以前に「感情＝自分の大脳辺縁系」が過去の全身全霊の体験からそれらの選択肢に色付けを行ってしまっているわけだ。これが意思決定に大きなバイアスを与えるのである。

　鋭い読者は、「左脳」と「右脳」という言葉を思い出すかもしれない。最近の脳科学の研究によれば、この左右という表現は単なるメタファーであり、実際の人間の脳には、そのような左右の機能分担はないことがわかっている。あるのは、「大脳新皮質」と「大脳辺縁系」と呼ばれる、まんじゅうの皮とあんこのような構造の部位の違いだ。

　日本を代表するクリエイターであった、故・岡康道さん（タグボート創業者）は、「Advertising Week Asia 2019」でこう述べている。

　　「左脳に寄った話は誰もが理解できる。右脳に寄った話は理解できる人と理解できない人がいる。右脳では議論されない。誰もが納得できるものにすると、一切の右脳的要素がなくなってしまう。しかしヒットするものは右脳でヒットする。それは言い切れる。左脳的に話すのは、そうしなければ企画が通らないからにすぎない。主観的

な意見だと思われることもある。ただ、長くやってきた、ある種の判断というものがある。イヤだと言われたら仕事にならない。負けても良いと思っている。そうでなければ、右脳の警告ランプのスイッチを切り、左脳で平凡なものに仕上げてしまうだろう。」

「僕は頼りにしてるのは、まったく右側の脳だけなんですよ。僕はそれでなければメシが食えないと思っています。そうじゃない人もいます。だけど、右側の脳の話って、議論できないじゃないですか。まず、いわゆる論理性がないように見えるかもしれないし、あと個人個人が違うんだし、ということから考えると、議論の対象になる内容ではないでしょうね。だけど、それはプレゼンテーションでは通らないので、まったく左の脳だけで考えたようなふりをしてプレゼンテーションしているんですけど（笑）。ここに僕のクライアントはいないでしょうから言いますけど、本当のことを言えば、タグボートはまったく右側だけで考えています（笑）。だけど、プレゼンの日は違いますよ？　まったく左だけで考えたようなふりをしていると。」[2]

　また、アドルフ・ヒトラーは著書『わが闘争』の中で、このようなことを述べている。

　　「プロパガンダは常に感情に向けられるべきであり、知性に向けられるべきではない。」[3]

当時の彼に脳科学の知識があったと思えないが、彼は「直感的に」秘密を知っていた。

　理解に訴えるのではなく「感情に訴えろ」と。その結果がどれだけ大掛かりな悲劇を招いたかは誰もが知っている。しかしながら、原理的には、サイモン・シネックが語っていることも、ダマシオが分析したことも、岡康道さんが語っていることも、ヒトラーが語っていることも、すべて同じだ。

　繰り返す。人間は「二人羽織」のような生き物なのだ。自分という人間の中に、本人自身でも説明できない生き物（大脳辺縁系）を飼っている。そして実際のところ、その人間の行動は、その生き物が繰り出す「感情」に支配されているのだ。

第二章 「好き」というプログラム

優れたクリエイティブとは何か

　僕は、カンヌなどの国際広告賞の審査を引き受けることがよくある。世界中から集められた様々なクリエイティブ作品に対して、オリンピック競技のように順位をつけなくてはならない。これはなかなか大変な仕事だ。実際、アイデアというものは考え出すよりも、選ぶほうが難しいのだ。

　もちろん審査には、審査委員長によって設定される審査基準（ルール）があり、合理的に定められた審査手続き（プロセス）があり、すべては点数化（数値化）され淡々と審査が行われていくわけだが、結局のところ、この点数化には、審査員それぞれの主観的な好き嫌いが大きく影響している。

　特に審査の最終局面では、いくつかの有力候補の中からどれかひとつの作品をグランプリに決めなくてはならないわけだが、多くの場合、紛糾する。国際広告賞の審査員は大きな広告代理店の役員が多く、すべて優秀なクリエイターであり、かつ極めて理性的な人物ばかりなわけだが、結局、最後の最後の段階で交わされる議論は、シンプルな好き／嫌いの議論に収斂していく。

　これはなかなか興味深いことだ。「いいアイデアとは何か」「優れたクリエイティブとは何か」という基準を考えたとき、その世界最高レベルの舞台においてですら、最後の最後にそ

れを決めるのは、結局のところ「個人的な好き／嫌い」である、ということになるからだ。

　一般的なビジネスパーソンやクリエイティブ初学者にとって、これも悩みの種のひとつになる。そして、これはクリエイティブの世界が排他的に見える理由にもなるだろう。何がいいのか、悪いのか。それが結局のところ、クリエイターたちの個人的な好みに依存していることになるからだ。これは「川」を渡ろうとする人にとっては、なんとなくモヤモヤするところと言えるだろう。

　前章では、人間の意思決定における「感情」の優位について見てきた。続く本章のテーマは、「好き」という感情についてである。

「好き」「嫌い」の正体

　前章では、人間が二人羽織のような生き物であり、脳内に潜む自分では意識できない生き物（大脳辺縁系）が繰り出す「感情」によって、その意思決定を支配されている、ということを見てきた。

　人間の感情には様々なものがある。喜び、快感、恍惚といったポジティブなものもあれば、怒り、憎しみ、恐怖といった

ネガティブなものもある。

　ダマシオの説に戻ると、感情の役割は無自覚的に意思決定の範囲を狭めることにある。自覚的な意識に対し、過去の経験などを総動員して、とるべき選択肢にポジティブなムードを与え、とるべきではない選択肢にネガティブなムードを与えるのが感情の役割だ。自覚的な意識では手に負えないような、複雑な情報処理を、シンプルに、直感的に行えるようにするために、人間の脳が進化の中で編み出したメカニズムである。

　つまり、好き嫌いは、感情の総合的なラベルであると言えるだろう。喜び、快感、恍惚、怒り、憎しみ、恐怖といった、さまざまな感情が、自覚的な意識に対して醸し出してくるムードの総体。言い換えれば、意思決定のテーブルの上で選択すべき答えを、意識の外側からぼんやりと灯し出すスポットライトが、「好き」か「嫌い」かということなのだ。

「好き」とは、「共感」し「連帯」すること

　数年前、Penという雑誌が主催する「クリエイターアワード」を受賞したことがある。広告クリエイターは僕一人で、その他はファッションデザイナーの森永邦彦さんや、詩人の最果タヒさん、写真家のヨシダナギさんなど、錚々たる面子だった。俳優の高橋一生さんやミュージシャンのSuchmosさんたちなど

もいた。

その表彰式は、銀座の有名百貨店の上層階で行われ、僕は緊張しながら控え室に入った。大部屋の控え室には受賞者たちが、みんな少しずつ距離を取りながら、それぞれのお抱えスタッフなどと談笑している。海外ではこういう場面でも割と気軽に挨拶することが多いのだが、日本ではそうはならない。新しい友達ができるかもと少しは期待していたのだが（高橋一生さんと友達になったら自慢できる）、そういう雰囲気ではなかった。僕は一人ぼっちでペットボトルのお茶を飲みながら、僕たちが掲載されているPenの受賞者特集号を読んでいた。

そこに、受賞者の一人、映画監督の長谷井宏紀さんが話しかけてきてくれた。「原野さん、寅さん、好きなんですか？」と。そのPenの受賞者特集号には、全員共通の質問があり、その中に好きな映画という項目があった。長谷井さんはそれを見て、話しかけてくれたのだ。「僕も大好きなんですよ。寅さん、ヤバイっすよね」と。

一気に打ち解けた。正直、長谷井監督のことは受賞まで知らなかったし、向こうも僕のことは知らなかったと思う。しかし、いくらか予備知識があるその他の受賞者よりも、まったくお互いを知らない二人が、「寅さん好き」というだけで一気に距離を縮めたのだ。長谷井監督とは、今でも個人的な親交が続いている。

ここでわかるのは、「好き」という感情は結びつきをつくる、ということだ。人間は好きなものが一緒だと、「連帯」し仲間になってしまう性質を持っている。これは読者にも経験があるだろう。

　ここに「好き」という感情の別の側面が見えてくる。

　前項で見た通り、「好き」あるいは「嫌い」という感情は、ミクロ的に見れば感情の総合的なラベルとして、意識の外から意思決定にバイアスを与える存在だ。

　一方、マクロ的に俯瞰で見ると、「好き」は同じ「好き」を共有する他の人間と新しい結びつきや連帯をつくるものとして機能する。一般的には、これを「共感」と呼んでいる。そう、人間の脳に内蔵された「好きというプログラム」は、「共感」を通じて「連帯」をつくり出す機能を持っているのだ。

すべては、個人的な「好き」から始まる

「好き」に対する「共感」は、時に非常に大きな力を持つ。そして、これこそがエンターテイメントビジネスや広告表現、または新商品開発を成功させる基本原理でもある。

　たとえば、ビートルズのファンを考えてみよう。1960年代

には全世界のほとんどの若者が彼らに魅了され「ビートルズ現象」とまで言われる一大ムーブメントとなった。あの力はどこから来たのか。

　ビートルズのファン同士が「好き」という共感で結ばれているのはわかりやすい。では、彼らの好きの対象はいったい何なのか。彼らの楽曲、ファッション、ヘアスタイルなど、一言で言えば、それらは「ビートルズ自身が好きなもの」だ。

　ビートルズが新曲をつくるとき、ファンが好きなものを調べるわけではない。彼らはただ自分が好きなものを探し出してカタチにし、それを世の中に発表しているだけだ。ファッションにせよ、ヘアスタイルにせよ、自分たちがクールだと思う、「好き」な格好をしているわけだ。

　その「ビートルズが好きなもの」にファンが「共感」をしめす。その共感が世界的に広がって「ビートルズ現象」と言われる巨大現象にまで膨れ上がる。そしてそれは、非常に大きなビジネスをうんだし、彼らは今でも稼ぎ続けている。また、そのファンの中から新しいアーティストがうまれ、彼らもまたファンをつくり……というように、ひとつの波紋がさらに新しい波紋をつくりだして、歴史と地球全体を覆っているのだ。

　ここで大事なのは、そのような巨大現象でありながら、その出発点は「個人的な好き」というちっぽけな感情にすぎない、

ということだ。

「広告」も同じようなメカニズムで機能する。AppleやNikeといった広告が上手なブランドは、その広告の中で自己紹介はしない。彼らは自分自身については語らず、自分の「好き」なものや称賛すべきものを表明しているだけだ。もちろん商品は登場するかもしれないが、それをくどくど説明するようなことはしない。そんなことは、二の次だと知っているからだ（お気づきの通り、たいていのブランドは、自分自身について一生懸命語り、結果、ほとんど無視されてしまう）。**偉大なブランドは、自分自身についてではなく、自分が愛するものについて語るのだ。**

　そして、その広告が表明した「好き」に「共感」したオーディエンスが現れる。彼らはその広告を発信したブランドに好意を持ち、「連帯」しようとする。これが、ブランドロイヤリティ（忠誠心）の正体だ。

　また、広告に限らずプロダクト開発にもそのことが言える。消費者が忠誠心を持つようなプロダクトは、iPhoneであれ、デロリアンであれ、スターバックスであれ、そのブランドの（多くは創業者の）「好き」を明快に表明している。そして、その「個人的な好き」に「共感」が集まる。

　もちろん、そうしたプロダクトを真似した、より低価格のプ

ロダクトを提供するブランドも出てくるだろう。しかしながら、そうしたブランドには、忠誠心のある「ファン」はうまれない。モノマネの商品でも価格が手頃であれば、一時契約の「ユーザー」をうむことはできるし、そこそこ売れる。しかしながら、「好き」「共感」「忠誠心」では結ばれていないので、その絆は驚くほど弱い。

　残念ながら、ビジネスの世界において、この「好き」の力を認識しているブランドは少ない。多くのブランドは、短期的な売り上げをKPIとやらにしてしまい、ひたすら「一見客」を獲得するのに必死だ。

　一方、「好き」の力を認識しているブランドは、我が道をゆく。こうしたブランドの経営者は口をそろえて、「売り上げは後からついてくるもの」と、ブランドづくりを最優先課題にする。競争相手が「好き」の力を認識できないうちは、正直恐がる必要は何もないからだ。「好き」の秘密を知るものだけが、ブランドの世界で成功し、忠誠心の高い「固定客」を得る。

「好き」の功罪

「好き」の革命は、インターネットの世界でも起こった。それが、ソーシャルメディアだ。Facebookは、Likeボタンを発明した。

人間は「好き」で結びつく。この人間のシンプルな真理を、シンプルなボタンとして実装し、そのボタンが打ち立てるフラグをアルゴリズム化して、人を結びつけ、情報の流れをコントロールするプラットフォームを発明した。

　その結果、Facebookは大成功を収め、今では世界最大の企業のひとつとなった。さらに、TwitterやInstagramなど、後発のソーシャルメディアはすべて、Likeボタンを採用している。Likeボタンこそが、ソーシャルメディアの本質なのだ。

　Likeボタンを押すとき、人々はそれを熟慮したりはしない。ある種、反射的に「感情」のおもむくままにそれをクリックする。Likeボタンは新しい出会いをうみ、中毒になるくらいに人々を魅了する。

　ソーシャルメディアは、インターネットに感情を持ち込んだとも言える。感情をマップ化し、アルゴリズム化する。その基礎となるのが、Likeボタンなのだ。

　それ以前の主役だった検索エンジンが人間の論理的な側面に基づいた「電脳」だったとすると、ソーシャルメディアは、意識の外側から人間の行動を支配する「感情」をネットワークに落とし込んだ「新しい電脳」として登場し、君臨することになった。

それは意識の外側にある「感情」をプラットフォームに直結させるため、はるかに強力な依存をうみ、ちょっとした中毒性すら持つようになっている。「好き」が同じ人と出会ったり、その人が発信する情報を見ることは快感だからだ。

これは危険な側面も持っている。ケンブリッジ・アナリティカ（SNSを活用したマイクロターゲティングという手法で、2016年の米国大統領選挙でトランプ陣営を勝利に導いた、英国の選挙コンサルティング会社）の事件が示すように、権力者に濫用されると、民主主義の根幹を揺るがすような非常に危険な事態も招きかねない。前章の最後に、ヒトラーの『わが闘争』に触れたが、感情、特に「好き」の力は、ポジティブにもネガティブにも強力なのだ。

「好き」には「市場的なランク」がある

「ビートルズ」にせよ、「男はつらいよ」にせよ、「iPhone」にせよ、共感で広がる巨大市場は、「クリエイターの個人的な好き」というちっぽけなものから始まる。クリエイターの個人的な好きには、経済的な価値を含む、特別な価値がある。

本章の冒頭で、カンヌの審査が最終的には「好き／嫌い」に還元されることを書いた。そこで競われているものも、その広告作品をつくり出した「クリエイターの個人的な好き」であり、

それがうみ出す「共感」や「連帯」の強さが評価されていると言える。

　もちろん、世の中すべてのミュージッシャンが「ビートルズ」のようなムーブメントを起こせるわけではないし、すべての映画監督が「男はつらいよ」のようなロングセラーをうみ出せるわけではない。同様に、すべての起業家や企業が「iPhone」をうみ出せるわけではないし、すべての広告クリエイターがカンヌを受賞できるわけではない。

　経済的な視点から見れば、「個人的な好き」には市場的なランクが存在するのだ。そして、その**市場的なランクは再現性と普遍性の高さによって決まる。**プロのクリエイターが「プロ」と呼ばれる所以である。

　俯瞰的に人類を見るなら、あらゆる人の中に「個人的な好き」は存在する。Twitterで名も知れない人の、何気ないひとつの投稿が「バズる」ことはある。それはその人の「個人的な好き」にたまたま「共感」が集まったということだ。もしこの人が、企業から依頼を受けて、同じようなバズを再現できたとしたら、その人の「好き」は市場性を持っていると言えるし、「プロ」と言ってもいい。

　クリエイティブの源泉は「個人的な好き」に過ぎないし、それは誰にでもある。ただその再現性と普遍性には差があり、プ

ロと素人の間に「川」をつくっている。つまり市場性のランクが違うのだ。

　広告制作のプロセスの中で、クライアントの役員などが「広告は一般人が見るものだから、一般人である俺が評価して、なんら問題ない」などと言って、プロがつくった原稿に修正を入れてくる人がいる。この人の言うことは半分正解で、半分間違っている。

　たしかに、広告にせよ、エンターテインメントにせよ、最後は一般的な人々の共感の規模が問題になる。しかしながら誰もがそれを評価できるわけでもないということに、もっと注意しなくてはならないのだ。

　プロのクリエイターには、100万人の「好き」がどう動くか、ということが見える。素人に見えるのは、自分が「好きか嫌いか」に過ぎない。つまり市場性のランクの低い人の「個人的な好き」は、再現性や普遍性を欠いているという致命傷があり、一方プロのクリエイターには、その「個人的な好き」に再現性と普遍性があるのだ。

　本当にクリエイティブがわかっているクライアントほど、クリエイターに任せる傾向にあるのはそのためだ。彼らは、自分たちが高いお金を出して買っているのは、そのクリエイターの「個人的な好き」とその再現性と普遍性の高さだと知っている。

まとめよう。「個人的な好き」こそが、あらゆるクリエイティブ的成功の出発点になっている。そして「個人的な好き」は誰にでもあるものだ。しかしながら再現性と普遍性の観点から見ると、そこには歴然とした差がある。誰もが特別な存在であるといった民主的な価値観で見れば、もちろんそれらはすべて等しく価値がある（みんな違って、みんないい）のだが、その「好き」が持つ影響力、すなわち共感の広がる規模やそれがもたらす経済的な価値という視点から見ると、そこには優劣が存在している。

この優劣は、グラデーションのように存在していて、大きく俯瞰して見ると、「川」のように、一般的なビジネスパーソンやクリエイティブ初学者とクリエイターをわけていると言えるだろう。

「市場ランク」の上げ方

逆に言えば、その「川」の往来にはある程度、融通がきく。生来にして「個人的な好き」に高い市場性を持った天才は確かにいるが、市場性を後天的に磨くことは不可能ではない。そのためにはどうすればいいのか。

シンプルに言えば、いいものをたくさん見ることにつきる。「個人的な好き」は、二人羽織状態の人間の脳のうち、言語を

扱えない大脳辺縁系が司っている。つまり、ここで必要とされている再現性や普遍性は言語化できないものだ。もちろん後付けでそれらしいことを言うことはできる。しかし、これは結局のところ、二人羽織の言語担当である「大脳新皮質」上をかるくマッサージする程度のものにすぎない。肝心の「大脳辺縁系」は理解できないのだから、少々の満足感はあるかもしれないが、実際の効果は小さいと思う。

　第一章の途中に書いたように、僕の場合は「ディープラーニング」が有効だった。広告図書館にある広告年鑑をひたすら写経するように見続けた。面白い広告ばかりなのだから、苦痛もほとんどない。僕のようにその原理を見つけようと考えながら見ると疲れてしまうが、重要なのは、自分の「個人的な好き」を見つけて、自分の記憶の引き出しを豊かにしていくことだ。自分の脳の力を信じて、よいと言われるものを、とにかくたくさん見ること。そうすれば、あなたの脳は、いいものが発する匂いのようなものを感じ取れるようになっていく。**肉体を鍛えるフィットネスと同じように、大脳辺縁系を鍛えるフィットネスが必要なのだ。**

　よく講演会などで聞かれる質問のひとつに、ストックの際にどのようにメモをとっているのか、メモの仕方について知りたい、というものがある。僕はディープラーニングをするときは、メモをとらない。ディープラーニングの目的は、大脳辺縁系のフィットネスなので、その目的はリアルタイムでその反応や直

感を鍛えることであり、記憶したり記録したりすることではない。ただ集中して、見たり聞いたりするだけでいい。本当に重要なことは、人間は意外に忘れないものだ。だから僕は、忘れたことは重要ではなかった、と考えるようにしている。

　また、これからクリエイティブの仕事をしていくのであれば、海外の名作をたくさん見ることも重要だろう。今はどんな仕事をするにせよ、グローバリゼーションと無縁ではいられない。市場性を獲得するなら、グローバルな市場性を獲得すべきだ。

　お勧めの教材は、カンヌ広告祭が販売している「The Work」というサブスクリプション型のアーカイブだ。これはカンヌに応募された20万点以上の作品が、2001年分からすべて収録されていて、「グランプリ」「金賞受賞」といったようにアワードレベルで絞り込めるし、「フィルム」「デジタル」といったようにカテゴリーでも絞り込める。気になるエージェンシーやクリエイターが見つかったら、バイネームでの検索も可能だ。

　何より素晴らしいのは、ムービーが見られることだ。これは広告年鑑では不可能なことだ。値段は少々するが、安い投資だと思う。英語の勉強にもなるだろう。

　D&ADのウェブサイトにも同様なアーカイブがある。こちらは無料なので、より手軽に利用できる。ただし、受賞作の顔ぶれは、カンヌのものよりややスノッブな印象だ。

こうした「ディープラーニング」を通じて、「個人的な好き」の市場ランクを上げていくことができる。グラデーション状に横たわる「川」を少しずつ渡って、クリエイティブの彼岸を目指すことができるのだ。

本章では、まず、人間が持っている「好きというプログラム」が、「共感」を通じて、人間を大きく「連帯」させる力を持っていることを見てきた。次に、このプログラムが「ビートルズ現象」「iPhone」のような、大規模な市場創造をリードする原理になっていることを説明した。そして、その中心にあるのは、いつでも「個人的な好き」であり、それには磨くことが可能な市場性のランクが存在することも話した。

次の章では、実際に新しいクリエイティブな作品やプロダクトをうみ出す、クリエイティブプロセス、「クリエイティブ必勝法」について、語ろうと思う。

最も個人的なことが、最もクリエイティブなことである。
（The most personal is the most creative.）
—— マーティン・スコセッシ

（映画『パラサイト』で第92回アカデミー賞を獲得した、ポン・ジュノ監督が受賞スピーチで引用した言葉）[4]

第三章　クリエイティブ必勝法

あらゆるアートは、ファンアートである

2014年春の夜、僕はアメリカのロックバンド「OK Go」のリードボーカル、ダミアンから一通のメールをもらった。「今ちょうど、新しいアルバムのレコーディングが終わったところなんだ。で、君に、そのミュージックビデオをつくって欲しいんだけど」と。

自宅でメールをチェックしていた僕は、思わず椅子から立ち上がって声を上げた。

OK Goは、その独創的なミュージックビデオでグラミー賞を獲得し、いつも見たことのないような新しい映像手法で、全世界の人々を驚愕させ、全世界のクリエイターがリスペクトする憧れの存在だ。その彼らから「直々の」依頼。もちろん嬉しかったが、同時に恐ろしくもなった。(そもそも、僕はミュージックビデオをつくったことがなかった。)

制作を引き受け、紆余曲折を経てたどりついた僕たちのアイデアは、当時実用化したばかりのドローンを使って、規模がどんどん大きくなっていく集団的なダンスを、室内から屋外へ移動しながらワンカット撮影するというものだった。ドローンによるワンカット撮影は世界でも初めてで、そうしてでき上がった「I Won't Let You Down」は公開と同時に大きな話題となった(翌日、CNNが僕のオフィスに取材にきた)。今では4,400万

回以上も再生され、OK Goを代表するビデオのひとつとなっている。読者の中にも、見たことのある人が多いと思う。

実は、このビデオには元ネタがある。

1930年代から1940年代、俗に言うハリウッド黄金期に活躍した映画監督、バズビー・バークレーの映画だ。彼はもともと振付師であり、大人数のダンサーが幾何学的な陣形をつくりながら踊る様子を、スタジオの天井付近に設置したカメラで撮影し、文字通り「見たことのない」映像をつくり出した。

僕たちのアイデアは、バークレーの時代には固定カメラでしか撮影できなかった集団的なダンスを、自由自在に移動可能なドローンで撮影して、リプロデュースするというものだった。

ファンアート（二次創作）という行為がある。たとえば、「スターウォーズ」好きなファン自らがコスプレ衣装を縫製してショートフィルムを撮るとか、「ドラえもん」大好きなファンが勝手に最終回のアニメーションを作成する、といった行為のことだ。

ファンアートという言葉は、そうした特定のジャンルを指す言葉のように使われることが多いが、僕は「すべてのアートは、ファンアートである」と思っている。あらゆるアートには必ず、元ネタやリスペクトの対象があるからだ。

OK Goのこのミュージックビデオは、バズビー・バークレーの「ファンアート」だ。大好きなバークレー作品に、自分たちのアイデアを加えて「新しいアート」として再構成したわけだ。

多くのファンアートをうみ出している「スターウォーズ」も、黒澤明監督の「隠し砦の三悪人」を元ネタにしていることは、ジョージ・ルーカス監督本人が認めているし、ドラえもんのうみの親、藤子・F・不二雄は、先行する手塚治虫の漫画や、当時の映画をむさぼるように観ていた、と語っている。

山田洋次監督の代表作「男はつらいよ」も、その元ネタはフランスの国民的作家、マルセル・パニョルによる喜劇「マルセイユ3部作」（『マリウス』1929年、『ファニー』1932年、『セザール』1936年）であり、マリウスが「博」、ファニーが「さくら」、セザールが「寅さん」である、とインタビューに答えている。

あらゆるアートはファンアートである。何かを「好き」になるという気持ちが、新しい創造の原動力になる。そう、「好き」が、クリエイティブの世界を動かしているのだ。

オリジナルという幻想

この世に、完全なオリジナルなんてものは、存在しない。

　あらゆるアートには、その元ネタがあり、その元ネタにも元ネタがあり、と、人類がうまれたときから、アートの進化は樹形図のようにつながっている。

　20世紀を代表する映画監督であるスタンリー・キューブリックは、ドキュメンタリー「キューブリックが語るキューブリック」の中でこう言っている。

　　「20世紀のあらゆる芸術で失敗を招いた原因のひとつは、独創性に固執しすぎたことだ。」[(5)]

　彼は、代表作「2001年宇宙の旅」のサウンドトラックを作曲家に発注したが、気に入らず、結局クラシック楽曲である「ツァラトゥストラはかく語りき（リヒャルト・シュトラウス 作曲）」や「美しく青きドナウ（ヨハン・シュトラウス 2 世 作曲）」を採用した。作曲家には公開まで黙っていたという。これらはオリジナル楽曲ではないが、彼の映画世界にぴったりとマッチしている。これらの楽曲自体が、このキューブリックによる「ファンアート」によって、鮮やかにリプロデュースされ蘇ったとも言えるだろう。

　Googleが提供する論文検索サービス「Google Scholar」にアクセスすると、検索窓の下側に「巨人の肩の上に立つ（Stand on the shoulders of giants）」という惹句がある。

この言葉はアイザック・ニュートンが知人に宛てた手紙の一節を通しよく知られている。

　　「私がかなたを見渡せたのだとしたら、それは巨人の肩の上に乗っていたからです。」[(6)]

　これは、12世紀の人文主義者ソールズベリのジョンがフランスの哲学者ベルナルドゥスの言葉を孫引きして、自著『メタロギコン』の中で以下のように述懐しているのが記録上の原典とされる。

　　「シャルトルのベルナルドゥスはわれわれをよく巨人の肩の上に乗っている矮人に準えたものであった。われわれは彼らよりも、より多く、より遠くまで見ることができる。しかし、それはわれわれの視力が鋭いからでもなく、あるいは、われわれの背丈が高いからでもなく、われわれが巨人の身体で上に高く持ち上げられているからだ、とベルナルドゥスは指摘していた。」[(7)]

　ニュートンもベルナルドゥスもアーティストではないが、科学や哲学においても「オリジナリティ」という考え方は傲慢であり、すべての新しい発見や思想は、人類の積み上げてきた知的資産の上に成立している、と示唆している。

　パブロ・ピカソは、「良い芸術家は真似をする。偉大な芸術

家は盗む」と言った。これは「Good artists copy, great artists steal.」という英語の方がわかりやすい。彼は「Copy」（真似する）という言葉と、「Steal」（盗む）という言葉を使いわけている。「真似する」のではなく、「盗め」と言っているのだ。

「真似する」のではなく、「盗め」という意味は、単なる模倣ではなく自分のものにしろ、ということだろう。そして、この「自分のものにする」というのは、ニュートンの「巨人の肩の上に立つ」に通じる。先行する人類のつくり出した知的資産、つまり巨人が見てきた景色をただコピーするのではなく、その肩の上に立ってその人にしか見えない景色を発見し、自分のものにしていくことが大切なのだ。

　あなたが、巨人の肩に立つことで見つけた新しい景色は、それが優れたものであれば、それ自体が人類の新しい知的資産となって、次世代の巨人の一部になる。そのようにして、人類が共有する「巨人」はどんどん成長している。

　僕は、そのプロセスを「お返しする」と表現している。

　クリエイターとしてものをつくる以上は、まず「巨人の肩の上に立つ」必要がある。しかしながら、ただ「真似る」だけではもちろんだめで（それはパクリと呼ばれる）、ピカソの言うように「盗んで」、つまり「自分のもの」とすることが大切だ。肩の上から見えた新しい景色に、自分ならではの「個人的な好

き」をブレンドしていくこと。これが、巨人への「お返し」になる。その「お返し」によって巨人は成長し、次の世代をさらなる遠景へと導くことになるのだ。

　クリエイターというのは、オリジナルで独立した存在ではなく、人類が脈々と共有する「巨人」の肩を借りる矮人に過ぎない。そして自らの成果を「巨人」に還元することで、初めて一人前になれるのだ。**創造とは「借りて」「盗んで」「返す」というプロセスの繰り返しなのだ。**

　こう見てくると、オリジナルを主張することが、いかに未熟で恥ずかしいことかがわかるだろう。また、先行する「巨人」が見た景色をただ真似る＝パクることが、単なる窃盗にすぎないこともわかるだろう。ものをつくる人は誰もが、先行する「巨人」をリスペクトするべきだし、次世代のために「巨人へのお返し」となるようなものをつくるべきなのだ。

創造の３ステップ

　まったく新しいもの、完全にオリジナリティのあるものをつくろう、という気持ちが「創造」の二文字を難しいものに感じさせる。しかしながら、前項で見た通り、そんなものは単なる傲慢であり、オリジナルなどはなから存在しないのだ。

　まずは、ピカソのいう「真似る」ことから始めてもいい。ビートルズだって、最初はコピーバンドだった。まずは「巨人の肩の上に立つ」ことだ。その上で見えた「新しい景色」に、自分ならではの「個人的な好き」や「新しいアイデア」を付け加えて、世に出すのだ。

　そこに人々の「共感」が集まり、新しい「連帯」をうむことができたら、あなたは一人前だ。人類の知的資産に「お返し」をしたことになり、その作品は次世代の「巨人」の一部になる。

　このことをチャート式にまとめると、次のようになる。

　　　１．　好きになる
　　　２．　好きを盗む
　　　３．　好きを返す

　理屈だけを考えれば、「好きを盗む」と「好きを返す」とだけ書いてもいいのだが、あえて、「好きになる」を加えて、強調しておきたい。

　なぜなら、この部分がすっかりと抜け落ちてしまっているビジネスパーソンやクリエイティブ初学者がとても多い一方、クリエイターになるような人は、そもそも「好き」が高じてその世界に足を踏み込むことが多いため、このステップは当たり前すぎて話題にすらならないからだ。

1. 好きになる

「好きになる」のステップは、「好きをストックする」と言い換えてもいいだろう。

　創造とはファンアートづくりである。だからまず、何かのファンになる必要がある。大好きなものを見つけることで、初めてその「肩」に乗ることができ、自分ならではの新しいアイデアを付け足していくことができるのだ。

　広告のクリエイターのように、与えられた課題に対してアウトプットをつくることをプロフェッショナルな仕事にするのであれば、自分の中にたくさんの「好き」をストックしておく必要がある。それがクリエイティブの引き出しになる。その引き出しの数は、多ければ多いほどいいだろう。

　だから、クリエイティブの仕事をする人にとって、まず必要な才能は「好きになる」才能、つまりいろいろなものに夢中になれる才能だ。

　紫綬褒章を受章したクリエイティブディレクターの佐藤雅彦さんは、そのインタビュー中、「将来、佐藤さんのようになりたいと思っている若者や子供たちへのメッセージをお願いします」という質問に対して、自身が育った伊豆の田舎の大自然の中に、昆虫や海の生き物など「夢中になれる」素材がたくさん

あったという話をした後で、こう語っている。

　　　「『study』だと勉強と訳すが、その『study』の語源は（ラテン語の）『studious』で夢中になる、熱中する状態のことです。（中略）『studious』になることを覚えた子供だったら、将来、表現をやろうと、研究をやろうと、物をつくる人になろうと、集中の仕方がわかっているので自分のやりたいことに到達できます。一番いけないのは体裁だけを整えて『こっちのほうが見栄えがいい』とか、表面だけのことを覚えて、取りつくろうことだけが巧みになるというのが、僕がすごく恐れていること。（中略）一度熱中した経験がある子は、何が本当に面白いのか、何が本当においしいのかが分かります。世の中マスコミがすごくうるさいですから『これがおいしいですよ』とか『これが面白いですよ』とかいっぱい情報がありますが、そのときに大事なのは、自分の考え、自分の意見です。『なんだつまんないじゃないか』とか『なんか世の中間違っているな』と思ってもいいと思います。一度夢中になった経験があると、本当のものを見つける力があると思います。」[8]

　しかしながら、この本の読者（ビジネスパーソンやクリエイティブ初学者）の中には、「そんな好きなものって、あまりないなぁ」という人もいるかもしれない。そういう人は、「好きをストックする」ことを少しだけ意識的に行ってみたらどうだ

ろう？

　自分の経験を振り返ると、「1）学び」「2）遊び」「3）思想」という、3つのグループを意識するといいと思う。

　「1）学び」は、仕事関係の先行事例の中から「好き」を見つけることだ。たとえば、広告のクリエイターだったら、カンヌの受賞作品や過去の名作CMをたくさん見てみること。この本では「ディープラーニング」という言い方で、何度か登場してきた。

　たとえば、僕の「森の木琴」は、Fallon Londonという代理店が2005年に制作した、Sony Braviaのためのコマーシャル「Balls」が元ネタになっている。この作品は、サンフランシスコの坂道の頂上から、ダンプカーいっぱいに積まれたカラーボール（縁日などで売っている、よく飛び跳ねるボール）を一気に放り投げ、その様子をハイスピードで撮影した、広告史に残る名作だ。

　日本で主流のタレントCMが苦手だった僕は当時、タレントを使わない広告のアイデアを追求していた。このBraviaのコマーシャルには、タレントはおろか、人間すらほぼ出てこない。「ただボールが坂から転がってくるだけ」というシンプルなアイデアだ。その潔さと美しさが印象に残り、大好きになった。いつかこういうコマーシャルをつくってみたいとストックしていた「好き」が、やがて「森の木琴」という作品に化けたのだ。

「２）遊び」は、もう少し気楽に、自分が夢中になれる趣味や遊びの中から「好き」を見つけることだ。

　たとえば、僕はプレイステーションが大好きで、特に小島秀夫監督がつくったゲームは、トロフィをコンプリートするくらいやり込んでいる。その中のひとつに「メタルギアソリッドピースウォーカー」というゲームがあり、そのラスボスが「ピースウォーカー」という二足／四足歩行型のAI搭載兵器だ。ピースウォーカーは、戦術核ミサイルを搭載しており、自国または同盟国が核攻撃を受けたときに確実な報復攻撃を実現するために開発された。

　なかなか物騒な設定なのだが、僕が注目したのは、確実な報復攻撃を実現するためには、山岳地帯や森林など「道なき道」でも自由自在に移動できる必要があり、そのためには「車輪」や「キャタピラ」ではなく、「足」のある乗り物である必要がある、という部分だ。

　実は、このピースウォーカーが僕の「Honda. Great Journey.」という作品の元ネタになっている。この作品は、「自動運転時代におけるHondaのビジョン」を示すために「架空のプロトタイプカー」をデザインして発表する、というブランディング企画だった。

　キャンピングカーに自動運転機能がつけば、人類は定住せず

に常に移動しながら暮らすことも可能になる。そんな時代を想定して、「世界一周すら可能な、自動運転のキャンピングカー」をデザインしてみようと考えたのだ。

そのときにすぐに思い浮かんだのが、小島監督の「ピースウォーカー」だった。ピースウォーカーのように四足歩行できれば、世界中を自在に踏破することが可能になる。

結局デザインしていく過程の中で、異なる地理的条件に対応する7つのキャンピングカーをデザインしたので、最終モデルはピースウォーカーのようにはならなかったのだが、遊びの中で見つけた僕の「好き」が、世界的にも珍しい、スペキュラティブなキャンペーンとして結実したわけだ。

「3）思想」は、「新しい考え方」と言ってもいい。ジェンダーイクオリティ、環境問題、ダイバーシティなど、同時代の少し先を行く、世の中を変えていく、新しい考え方。TwitterやFacebookでは時折こういうものが、たくさんの「いいね（＝好き）」とともに流れてくる。

たとえば、ノーベル平和賞史上最年少の受賞となったマララ・ユスフザイさんの受賞スピーチはいい例だ。

　　「私と同じ年で、とても仲がいい級友の一人は、いつも
　　勇敢で自信に満ちた女の子で、医者になることを夢見て

いました。しかし、夢は夢のままなのです。彼女は12歳で無理やり結婚させられ、息子を産みました。たった14歳のときです。彼女なら、とてもいいお医者さんになれたと思います。

　ですが、なれませんでした。なぜなら、女の子だったからです。」[9]

　一節を読むだけで、涙がこぼれてくることだろう。こういう優れたスピーチは、ものすごくたくさんあるわけではないが、だからこそ、こういう「好きのストック」は、あなたの創造を別次元のものに引き上げてくれる。まさに「巨人の肩の上に立つ」とは、こういうことを言うのだ。

　このスピーチに影響を受けた僕は、広告の中でもジェンダーイクオリティについて語っていくべきではないかと考えるようになった。それが「この国は、女性にとって発展途上国だ。」というセンセーショナルな言葉で始まる「POLA リクルートフォーラム」のコマーシャルであり、「日本は、義理チョコをやめよう。」というGODIVAの新聞広告だ。

　創造とはファンアートづくりのことであり、そのためにはまず、あなた自身が何かのファンになる必要がある。大好きなものを見つけることで、初めてその「肩」に乗ることができ、自分ならではの新しいアイデアを付け足していくことができる。

「好き」がなかなか見つからないという、ビジネスパーソンやクリエイティブ初学者は、ここで示したように、「1）学び」「2）遊び」「3）思想」という視点を意識して、暮らしてみてほしい。

　自分の「好き」に自信が持てないという人は、評価の定まった古典や名作から手をつけるといい。音楽だったらビートルズとか、広告だったらDDBのフォルクスワーゲンのシリーズとか。多くの人は、最新の体験を欲しがるが、最新作はあなたがつくればいい。多くの人々の「好き」を集めてきた古典や名作には、常に新しい発見があるものだ。「過去はいつも新しく、未来はつねに懐かしい」（写真家、森山大道さんの本のタイトル）と言うではないか。

　世の中は、素晴らしいもの、愛すべきものであふれている。きっと、あなたの「好き」は、すぐに見つかる。それをストックしていくことが、あなたの創造の第一歩になるのだ。

　最後に、スティーブ・ジョブズが、「スティーブ・ジョブズ1995 〜 失われたインタビュー 〜 」というドキュメンタリーの中で、「正しい方向を見定めるにはどうしたらいい？」と聞かれたときの、その答えを引用しておこう。

　　「正しい方向かは、センスがあれば判断できる。人類が生み出してきた優れたものに触れて、自分のしているこ

とに取り入れるんだ。"優れた芸術家は真似る。偉大な芸術家は盗む"さ。私たちは良いアイデアを、恥じることなく盗んできた。

　Macが素晴らしい製品になった理由の１つは、コンピューター科学で屈指の知識を持つ人材が、音楽や詩、芸術、動物、歴史の知識も持っていたことだ。コンピュータのない時代なら、別の分野で活躍していたはず。彼らは、それぞれが持つ知識を、Macに注ぎ込んだ。非常に文化的な行為だったよ。空気感というかな。何と表現すべきか……文化的な姿勢で、Mac開発に取り組んだんだ。別分野で触れた、最高のものを伴ってね。視野が狭いと、そんな風にはいかないだろう。」[10]

２．好きを盗む

「好きを盗む」のステップは、「好きを抽象化する」と言ってもいい。「好き」になったものをただ模倣するだけではパクリになってしまう。盗む、つまり「自分のものにする」ためには、あなたの「好き」を抽象化しなくてはならない。

　抽象化というと難しく感じるかもしれないが、自分が好きになったものについて、「どこが好きなのか」「なぜ好きなのか」ということを、自分自身に問えばいい。

バズビー・バークレーの映画の「見たことのない視点」や「幾何学的な集団ダンス」が好きだ、とか。

Braviaのコマーシャルの「ただボールが坂を転がるだけ」という「シンプルさがカッコいい」と思ったんだな、とか。

ピースウォーカーであれば「大自然の中での踏破性能を考えると、車輪よりも、動物のような四足歩行の方が有利なんだ」というような、「新しい気づき」であるとか。

マララさんのスピーチであれば、読後に感じた「強い憤り」であるとか、彼女の「毅然と立ち向かう勇気」がすばらしいな、とか。

まずは自分の気持ちを、虚心坦懐に分析してみるといい。その上で、その抽象を「拡張」すると、それは「自分だけのもの」になる。

「見たことがない視点」は、新しいドローン技術を使えば、さらにアップデートできるのではないか、とか。

「ただボールが坂を転がるだけ」というシンプルさはそのままにキープしながら、カラフルさといった視覚効果を狙うのではなく、音の面白さといった聴覚効果を狙ったらどうなるか、とか。

「踏破のための四足歩行」を、核兵器ではなくキャンピングカーに搭載したら、どんなクルマをデザインできるのか、とか。

　マララさんのスピーチで感じた「強い憤り」は遠い外国の話だけのものなのか。実は日本も同じなのではないかと考えたり、「毅然と立ち向かう勇気」は革命家のものだけでなく、企業やブランドにも必要なのではないか、と考えたり。

　お気づきだろうか。この時点で新しい企画はできてしまうのだ。ごく自然な流れで。

「好き」を分析することから始めて、その抽象を自分が今抱えているテーマや仕事に重ね合わせてみる。そして、抽象化したコンセプトのどこかを置き換えたり、ずらしたり、拡張したりしてみよう。

　この分析と拡張という、ふたつのプロセスによって、それはあなただけの企画になる。そう、企画とは、要するに「好き」の抽象化の副産物のことなのだ。

　ビジネスパーソンやクリエイティブ初学者の中には、企画に苦手意識を持っている人も多いことだろう。しかし、その理由は簡単で「いきなりアイデアを考えようとするから」に他ならない。

前項で見たように、まずは「好きになる」「好きを見つける」「好きをストックする」ことから始めるといい。

　なぜなら「好き」を見つけることによって、あなたの前に「巨人の肩」がたち現れるからだ。それを利用せずして、新しい創造をすることは不可能なのだ。

　その上で、自分自身に「どこが好きか」「なぜ好きか」と問うてみるといい。そうして得られた「抽象」を少しひねったり、何かを足したり、引いたりしてみれば、あなた自身の新しい企画は簡単に見つかる。

　さあ、ここで改めてもう一度、ニュートンやジョンが引用したベルナルドゥスの言葉をみてみよう。

　　　「シャルトルのベルナルドゥスはわれわれをよく巨人の肩の上に乗っている矮人に準えたものであった。われわれは彼らよりも、より多く、より遠くまで見ることができる。しかし、それはわれわれの視力が鋭いからでもなく、あるいは、われわれの背丈が高いからでもなく、われわれが巨人の身体で上に高く持ち上げられているからだ、とベルナルドゥスは指摘していた。」[7]

　一人で企画することは、あまりにも無謀で、傲慢だ。
　企画は、「巨人」とするものなのだ。

3．好きを返す

　いよいよ最終ステップだ。「好きを返す」というのは、「実際のアウトプットを制作する」ということなのだが、ここで最も大事なのは、前項までで大変お世話になった「巨人」に「お返し」ができているか、評価をすることである。つまり、踏み台にした「自分の好き」＝過去の人類の知的資産に、自分がつくったものが貢献できているかどうかということなのだが、これができていないと単なるパクリをうむ可能性がある。

　これは本来、かなり総合的な判断を必要とするのだが、シンプルに言えば、「つくり方を変える」というのがわかりやすい。

　たとえば、OK Goのミュージックビデオでは、バズビー・バークレーの映画を元ネタにして始まってはいるのだが、ドローンという最新技術でつくることにより、まったく新しいものにうまれ変わっている。新しい創造として、人類の知的資産に貢献できたと思う。

「森の木琴」では、前項で見たように抽象レベルでも、自分なりの新しいアイデアを盛りこんでいるのだが、巨大な木琴装置をつくり、森の中に置いて撮影する方法により、Braviaのコマーシャルとは異なるものになっている。

「Honda. Great Journey. 」も、もしこのアウトプットがゲーム

のようなCGIアニメーションだったら、少し元ネタである「メタルギアソリッド　ピースウォーカー」に似てしまったかもしれない。この映像を制作する際には、イームズ夫妻の映画「Toccata for Toy Trains」を参考にして、ミニチュアモデルを作成し、ストップモーションという撮影手法を採用した。

「POLA リクルートフォーラム」もテレビコマーシャルではなく、社長の演説というフォーマットでつくっていたら、元ネタのマララさんのもの真似と言われてしまうかもしれない。

　あらゆるアートはファンアートである、と言ったが、世の中で言われるような狭義のファンアートにおいては、「つくり方」が一緒であるために、たとえそれがよいものであっても「盗作」「パクリ」などという評価を受けてしまうこともある。たとえば以前例に出した「ファンが制作したドラえもん最終回」は、素晴らしい作品ではあるのだが、文脈を知らない人が見れば「盗作」と言われても仕方がないだろう。上手につくればつくるほど、その批判は大きくなるかもしれない（ただし、僕はこうした狭義のファンアートを否定しているわけではない）。

「自分の好き」を見つけて、「巨人」の肩の上に立ち、それを踏み台にしつつも、自分だけが感じた「個人的な好き」や「新しいアイデア」を付け加えることで、あなただけのクリエイティブは確かにうまれる。しかしながら、それを完全なものにするには「つくり方を変える」必要があるのだ。

これは見方を変えれば、「新しいつくり方」を発明することで新しいクリエイティブがうまれる、ということにもなる。これについて、前出の佐藤雅彦さんは、このように語っている。

「コマーシャルを作っていた時期はすごく短くて、ものすごい量をつくっていたが、すごく変で、作り方を作っていました。自分の表現方法論を作っては、それを具体的に、例えばトヨタ自動車から『カローラⅡ』（の依頼）が来たらこうするとか。『映像は音から作る』という方法論があるので『♪カローラⅡに乗って』と小沢健二が歌ったら、すごくカローラⅡのブランドが上がるな、とか。NECから店頭フェア（のCM）をやりたいと言われたとき、いいネーミングがないというときに『濁音時代』という方法論がありました。『ダースベイダー』『午後の紅茶』とか、濁音がやけに強いという方法論ですが、そのときに『バザールでござーる』や『だんご3兄弟』など『濁音時代』での方法論で作りました。その時から表現方法論を作っては試していました。（中略）何百本も作った後に、自分はこの表現方法を作りたかったんだということが分かりました。」
「みんなに言っているのは、作り方を作るということです。いきなりマニュアルを教わって作るというやり方もあるが、そうではなくて作り方を作る。例えば、テレビコマーシャルの作り方を『音から作る』とか、それまでの作り方をちょっと変えたんです。そうすると、みんな

『なんか違うぞ』と思う。作り方から作るとおのずとできたものは新しくなる。表現を目指している人たちではなく、新しい製品や新しい事業を作る人にもそう大学で教えています。自分の作り方ってすごく自分のオリジナルがそこに入ります。そこを今一番教えています。ずっと教えています。」[8]

　佐藤さんのように「まず表現方法論からつくる」というのは、一般的なビジネスパーソンやクリエイティブ初学者には難しいかもしれない。しかしながら、ものづくりをする中で「つくり方を変える」という意識をもつことはできるだろう。これが、創造の第3ステップになる。このステップを経ることで、あなたの創造は、あなたの好きな何かを模倣することから始めたとしても、最終的に世の中の人が「新しい」「独創的」と感じるものになるはずだ。

　借りものから始めてもいい。
　ただし、最後に「お返し」をしなくてはならないのだ。

「未来の好き」を発見する

　本章では、とかく暗算のように見えがちなクリエイティブプロセスを、「巨人の肩に立つ」という考え方を軸に捉え直してみた。

「好きになる」「好きを盗む」「好きを返す」、この３つのプロセスは、わかりのいい言葉に置き換えれば、「リサーチ」「企画」「制作」というような表現になるかもしれない。

　しかしながら、わかりのいいものというのは、クリエイティブの世界ではたいてい正しくない。人間を動かしているのは、言語化できない「感情」であり、それはわかりやすい言葉にしてしまった瞬間に、そのかたちを変えてしまう。

　実際、広告の現場では、「絵コンテ」「ペルソナ」「言語化」といったように、本来わからないはずのものを「理解しやすい形」に置き換えることが、日常的に行われている。

　これらはいささか詐欺的な行為ではないかと思うことがよくある。少し前に触れたように、僕はキャリアの初期の頃に詐欺やペテン師を研究していたことがあるのだが、詐欺は「だまされる側の内部に潜む、自分にとって都合のいいものを信じたいという気持ち」を利用する心理技術だ。ビジネスパーソンやクリエイティブ初学者は、とかく理解しやすいものに飛びつく。気をつけてもらいたいのは、ここだ。

　クリエイティブプロセスで重要なのは、「好き」という感情だ。これはうまく言語化して説明できない、ふわりとしたものではあるのだが、そのふわりとしたものの中に真実がある。「好きになる」「好きを盗む」「好きを返す」という一見ふわりとし

た整理は、そのためのものなのだ。

　さて本章の最後に、「『未来の好き』を発見する」という話を
しておく。

　多くの歴史家や哲学者が、「革命は周縁から起こる」と言う。
そして、これは現代のビジネスにも当てはまる。

　たとえば、ジョギング。今となっては、ずっと昔からある当
たり前の行為のように感じるかもしれないが、実は1970年代後
半に米国でブームがおきるまで、ジョギングをする人はほとん
どいなかった。

　Nikeの元最高マーケティング責任者、リズ・ドーランは、ド
キュメンタリー映画「Art & Copy」の中でこう語っている。

> 　「ジョギングブームは、Nikeが仕掛けたと言われてい
> る。Nikeの創設者の一人、ビル・バウワーマンが、ジョ
> ギングを米国に『輸入』したとされているの。オースト
> ラリアをお手本にしたみたい。それまで、純粋に健康の
> ために走る人は少なかった。」[11]

　どんな巨大なムーブメントも、最初は、少数の「変わった人」
から始まる。マーケティングの世界では、こうした人を「エク
ストリームユーザー」と呼んでいる。

　従来のマーケティング活動では、いわゆる平均的一般市民の声を商品開発に活かすことが多かった。しかし、あらゆる市場が成熟化した今、そのやり方で革新的な商品をうみ出すことはできない。すでにそういう商品が市場にあふれているからだ。そこで平均から大きく外れた少数派（変わった人）の動向に注目し、今まで気づかなかった「潜在的な市場」を発見することが必要になる。Nikeが見つけたジョギングというスポーツは、当時顕在化しておらず、外国の少数派の趣味（＝好き）にすぎなかったが、わずか数十年で世界的なスポーツになったわけだ。

　小型のアクションカメラで一時代を席巻した「GoPro」の創業者、ニック・ウッドマンもエクストリームユーザーだった。彼はカメラの技術者ではなく、サーファーだった。

　彼は、サーフィンをしているときに自分が見ている風景を記録するために、世界初のリストストラップカメラを開発した。手首にカメラを巻きつけて固定して、自身の波乗り姿を撮影できるフィルム式のカメラだった。彼はこのカメラに「HERO」という名前をつけて、カリフォルニアのサーフショップで販売を始めた。初年度は1,500台を売ったにすぎなかったが、このカメラはやがて「GoPro」と名前を変え、年間数百万台を超える、世界的な大ヒット商品に成長する。

　世界中のカメラメーカーが毎年何百億円もの資金を投じて、新商品開発を行っていたはずだが、新しい大ヒット商品をうみ

出したのは大金を投じた彼らではなく、アメリカ西海岸のサーファーだったのだ。

　僕が子供の頃、アニメや漫画といったサブカルチャーの愛好家、通称「オタク」はただの変わり者とみなされていた。当時発生した猟奇的な殺人事件と結びつけられ、社会では日陰者扱いさえされていた。

　しかし、今となってはどうだろう。アニメや漫画は、政府もバックアップする日本の代表的な文化となり、新しい輸出品にもなった。国内市場だけでも漫画は5,000億円、アニメは1兆円を超える巨大市場となっている。

　本書の文脈で言えば、エクストリームユーザーの「好き」は、「未来の好き」ということになる。珍しい習慣を持つ人々、プロダクトを本来とは異なる用途で使う人、サブカルチャーを愛する人、こうした「変わり者」「周縁の人」が、未来の新しい市場をつくり出すのだ。

　振り返ると、僕自身も「変わり者」から出発した。

　僕がまだメディアのセールスマンをしていた2004年、当時勤めていた電通に提案して、「コミュニケーション・プランニング」を標榜する会社「ドリル」を設立した。この会社設立が、僕が未経験のままクリエイティブの世界に入るきっかけになっ

た。しかし、設立当時の「ドリル」はクリエイターのコミュニティから完全に無視されていた。未経験者がリーダーでは、無理もない話だ。うさんくさい会社だとさえ思われていた。

しかし、「メディアの枠の中の広告表現」ではなく「新しいメディアの使い方も含めたコミュニケーション全体」を企画する考え方は、今では完全に当たり前になった。僕たちを無視していた、電通のクリエイティブ部門の名称も、その後「コミュニケーション・デザイン・センター」という名前になった。

また当時、広告作業とは分離されていたPRにも注目し、「戦略PR」という言葉をつくって、それを事業領域のひとつとした。その頃はPRというと安っぽい響きがあり、ちょっとカッコよくする必要があったのだ。それで、プレスリリースを仕上げる最終段階で、PRの前に「戦略」という言葉を書き足した。「戦略PR」誕生の瞬間だ。

それを見て何それ？と質問した上司には、「戦略コンサルティング会社」「戦略核ミサイル」「戦略的撤退」など、単語の頭に「戦略」をつけると「なんでも少し立派に見える」んですよ、と説明した。彼は訝しげな顔をしていたが、今はどのPR会社も「戦略PR」という看板を掲げて営業している。

設立間もない頃、僕はドリルのことを説明するときに、やや自虐的に「広告業界のスキマ産業」です、と紹介していた。実

際に、僕たちは著名なクリエイターが取り合わなかった、スキマのような仕事をして食いつないでいた。

　しかし、宇宙で一番大きいのは「スキマ」である。
　スキマや周縁にこそ、まだ見ぬ未来があるのだ。

第四章　「好き」が世界を動かす

広告と販促は違う

　本書では、まず脳科学的なアプローチから、人間の「二人羽織」的な特徴を説明し、「感情」だけが人を動かすこと、中でも「好き」という感情が意思決定に大きな影響を与え、「共感」を通じて人々を「連帯」させる、という基本原理を見てきた。

　この「好きというプログラム」が持っている、人間を「連帯」させる力は、時にビートルズのように時代や歴史をポジティブに変えることもあるし、時にナチスドイツのようにネガティブな悲劇や大惨事をうみ出すこともある。

　さらに、現代ではLikeボタンの実装されたソーシャルメディアのように、人間の脳の「好きというプログラム」をアルゴリズム化して、人々の関心事に見えない操作を加えるテクノロジーも登場してきている。

　この最後の章では、僕の専門分野、広告とブランディングについて語る。その前に、本書の前半に登場した用語の説明を再掲しておきたい。広告と販促の違いだ。

　　「広告（Advertising）」と「販促（Sales Promotion）」は
　　似ているようで、まったく違う。広告は「ブランドを好
　　きにさせること」が目的で、販促は「商品をたくさん売
　　ること」が目的だ。目的が違うのだ。

　日本には宣伝という言葉もあっていっそう混乱しやす
いのだが、日本において広告や宣伝と呼ばれているもの
の99%は販促であると思う。日本で「広告」を見かける
ことはほとんどない。

　だから、日本からカンヌに行って、初めて海外の広告
を見た人の第一印象は「なんだか違う試合を見ている
感じ」というようなものだ。シニカルに「あれで売れる
のか？」などとマウントをとろうとするおじさんも出て
くる。

　しかし、この問い自体が間違っている。
　売るつもりは、ないのだ。
「広告」の目的は、売ることではないのだ。
（本書38ページより）

　本書をここまで読み進んだ読者ならもうわかると思うが、広
告は、人間の脳に仕込まれた「好きというプログラム」の応用
技術である。**つまり、広告は、生物学なのだ。**

　一方、販促はどちらかと言えば心理学に近い。カンヌで本物
の「広告」に出会う前は、僕自身も広告と販促の違いがよくわ
かっていなかった。販促しか知らなかったと言ってもいいだろ
う。それがキャリアの初期において僕の関心を、詐欺、ペテン、
社会心理学、行動経済学などへの探究に導いた。これらはすべ

て心理学的なものだ。

　本章のテーマは、販促ではなく「広告」だ。そして広告が非常に貢献できる分野として、ブランディングについても扱おうと思う。

ブランディングとは、愛されること

　ブランディングも、解釈の幅がある概念のひとつだ。

　ネットのバナーなどを手がけるビジネスパーソンにとっては、クリックさせることが目的の販促バナーではなく、認知率を上げるための露出を目的とするバナー掲出のことをブランディングと呼んでいることが多い。つまり、「ブランディング＝認知獲得＝大量露出」というようなことだ。

　また、デザイン業界でブランディングというと、当該ブランドのVI（ヴィジュアル・アイデンティティ）システムの開発を指すことが多い。最近ではUIやUXの開発を含むこともあるだろう。「ブランディング＝見え方や体験の統一」というようなことだ。

　ブランドのもともとの意味は、牧場の牛につける焼印だったそうだ。そこから転じて「人間の脳にブランドを焼き付ける」

意味合いで動詞化して、ブランディングという言葉が使われ始めた。

したがって、先ほどのネット業界の解釈もデザイン業界の解釈も、原意から考えれば間違いではない。ただ、このレベルのブランディングであれば、焼き付けなくてもペンキで印をつけるくらいでも実現できそうだ。

僕は、「好きにさせる」「愛される」ことこそが、ブランディングの本質だと思っている。**心を焼き焦がすほど鮮烈に、つまり感情的に記憶に残すことこそが、本当のブランディングだ。**

では、よいブランドとは何だろうか。英国の広告代理店サーチ＆サーチの元CEO、ケビン・ロバーツは、著書『Lovemarks』の中で、たったひとつのグラフでそれを明快に説明している。

彼は世の中の企業やブランドを、縦軸を「尊敬（Respect）」、横軸を「愛（Love）」とするグラフにマッピングし、その第一象限（原文：High Respect, High Love）を「Lovemarks」と呼び、理想的なブランドとした。つまり「愛され、尊敬されているブランド」。AppleやNikeがここに入るだろう。

Lovemarksとは、「ブランドを超えたブランド」のことを指す。期待を超えるパフォーマンスはもちろん提供するが、それだけに止まらず、意識を超え、心の奥底にまで届くもの。それ

なしでは生きていけないような親密な感情的絆（きずな）を感じさせるもの。そして普通のブランドなら代替品が見つかるが、Lovemarksを失うと人々はその不在を抗議するという。

　また、Lovemarksは取引ではなく、関係性であり、購入するものではなく、抱きしめたいもの、決して手放したくないものであるという。簡単に言えば、Lovemarksは「理屈を超えた忠誠心をうみ出すもの」と言えるだろう。

　第二象限（原文：High Respect, Low Love）は、「尊敬されてはいるが、あまり愛されていない」ブランド。「たいていのブランド（原文：Brands）」が行き詰まっているエリアだ。機能的なベネフィットや確かなパフォーマンスを約束し、「より新しく」「より明るく」「より強く」「より大胆に」そして最悪の場合は「より安く」といったお決まりの宣伝文句を多用する。それらは必要とされる（needed）が、切望される（desired）ことはないものたちである。日本の企業の大部分も、おそらくここに入るだろう。

　第三象限（原文：Low Respect, Low Love）は、「ただの製品（原文：Commodities）」。公益事業や価格取引される商材、つまり古典的なコモディティが中心で、生活には不可欠だが、ただそれだけの存在を指す。ここでは、ブランドに対する温度はゼロとなる。

　第四象限（原文：Low Respect, High Love）は、「はやりもの（原文：Fads）」。先月にはマストアイテムだったが、来月にはもう流行遅れなものたち。ヘアスタイルとポップスター。楽しみは提供してくれるが、理屈を超えた忠誠心の獲得にまでは至らないものたちと定義する。

　このシンプルな分割グラフが、多くのブランドが何をすればいいのかを、簡潔に教えてくれる。

　多くのブランドが行き詰まっているのは、第二象限だ。ここに属するたいていのブランドが、ブランドを超えたブランド、すなわち第一象限に移動するために必要なのは、右方向への水平移動、つまり、「愛される」ことだ。

　そのために「広告」が役に立つ。もちろん広告がすべてではないが、最重要の打ち手になる。なぜなら広告には、人間の脳が持っている「好きというプログラム」を利用して、「共感」や「連帯」をつくり出す力があるからだ。

広告は「好告」

　本書で何度も登場している「好きというプログラム」の原理は、非常にシンプルだ。

まず「個人的な好き」が出発点となる。最初はちっぽけなものだが、それに高い市場性があれば、広範囲に「共感」がうまれる。その「共感」が人々を結びつけて「連帯」をつくり出し、人々を大きく動かす原動力になるのだ。

　だから広告のすべきことはシンプルで、出発点となる「個人的な好き」を語ることにつきる。しかしながら、多くのビジネスパーソンやクリエイティブ初学者は、ここでつまづく。広告で「自分のこと」を語ろうとしてしまうのだ。

　こういうことをしてしまう人は、「理解」に重きをおいている。まず自分のことを理解してもらうことが何より大切だと考えている。そうすれば、（たぶん）自分のことを好きになってもらえるはずだ、（たぶん）いいところに気づいて買ってくれるはずだ、というように、極めて楽天的な、性善説に基づいているのだ。

　ところが多くの場合、それは失敗に終わる。
　なぜなら、人間の脳はそのようにできていないからだ。

　第一章でも述べたとおり、「理解」をつかさどる「大脳新皮質」は、言語を扱ったり、論理的な思考を行うことはできるが、肝心の意思決定ができない。意思決定は、言葉を理解できない「大脳辺縁系」が行っている。ここを動かすためには、ダイレクトに感情に訴える必要がある。言語化できない「なんとなく」

ポジティブな感情、つまり「好き」という感情を引き起こすことこそが鍵になるのだ。

　AppleやNikeといったLovemarksと呼ばれるブランドは、このことがわかっている。だから彼らは、広告で自己紹介や自慢をするような無駄遣いはしない。たしかにプロダクトがちらりと登場することはあるのだが、それは本質的には重要なことではなく、かっこいいとか、大笑いするとか、泣けるとか、見た人の感情に直接働きかける、映像、音楽、表情、物語、その出来栄えを、最重要視している。

　そして、それをつくり出せるクリエイター、つまり市場性の高い「個人的な好き」を持つ人を血眼で探し出し（市場性が高い人ほど希少で、人件費も高い）、その人たちの「個人的な好き」を拝借して、ブランドの「個人的な好き」を表現しているのだ。

　広告史上最高の名作といわれる、Appleの「1984」という広告は、初代Macのデビュー広告として制作され、スーパーボウルで放映された。

　実はこの広告に、Macは一度も登場しない。取締役会が「社運がかかっているのに、商品が出てこない広告に数億円も使うことはできない」と拒絶すると、スティーブ・ジョブズが「じゃあ自腹でやる」と言ったのは、有名な話だ。

彼は、当時売れ始めたばかりの若手映画監督、リドリー・スコットを起用し、Macに込めた「信念」を彼に託して、のちに伝説となるコマーシャルを完成させた。彼には、わかっていたのだ。「好きというプログラム」のメカニズムが。

　このことは、サイモン・シネックの「ゴールデンサークル」理論とも符合する。彼が「Why」とラベリングした、「パーパス（Purpose）」「大義（Cause）」「信念（Brief）」といったものは、根源的には「自分の愛するもの／好きなもの」のことである。それを実現することが「パーパス」であり、その企業の存在する「大義」となり、共有すべき「信念」となるのだ。「Why」とは「好き」のことなのだ。

　彼は「優れたブランドは『Why』から語り、普通のブランドは『What』から語る」と表現した。これを、僕の言葉で言い換えれば、

**　偉大なブランドは、自分のことではなく、自分の愛するものについて語る**

ということになる。

　このことに気づいてから、改めてカンヌの名作広告などを見直してみたのだが、素晴らしいと思う広告はすべて、この法則でつくられていることがわかった。まさに必勝法だ。

　そして、非常にシンプルなことでもありながら、これを実行できている会社は非常に少ない、ということにも気づいた。その理由はわかっている。それこそが、僕がこの本を書こうと思った動機でもある。

　要するに人間観の違いなのだ。

　多くのビジネスパーソンは、人間を二人羽織の生き物と見ていないし、「感情だけが人を動かす」という事実を信じていない。人間を論理的な生き物や刺激に反応する生き物と仮定し、「理解させること」「大声で叫ぶこと」が一番大事だと信じこんでいる。だから、AppleやNikeのように、それを理解しているLovemarksたちには永遠に追いつくことができず、第二象限の中でくるくると行き詰まり続けているのだ。

　時には、第二象限にいる彼らでさえも、偶然によいクリエイターに出会うこともある。しかしながら結局、彼らは「好きのプログラム」を知らない／信じていないために、素晴らしいアイデアを台なしにする直し（修正）を入れてしまうのだ。プロフェッショナルの提案に、わざわざ「直しを入れて台なしにする」のが「仕事」だと思っているビジネスパーソンは非常に多い。悪気がないのはわかる。しかし、それは本当にもったいないことだ。

　世界最高峰のクリエイティブエージェンシー、ワイデン・ア

ンド・ケネディの創業者、ダン・ワイデンは、ドキュメンタリー
映画「Art & Copy」の中でこう話している。

　　　「多くの企業が、慣例を破ることはリスクだと考える。
　　　でも、それは『数あるリスクのうちのひとつ』に過ぎない。
　　　わかりやすいだけだ。自分たちの考えが正論だと思い込
　　　む方が、はるかにリスクが高い。」[11]

「わかりやすい」というのは、罠なのだ。
　地獄への道は善意で舗装されている、というではないか。

　僕の代表作に「森の木琴」という作品がある。この作品の完
成試写で、クライアントの重鎮がこう言った。

「素晴らしい作品です。ただ、ドコモの商品やドコモがこの
作品をつくった意図がわかりにくい。それを、ナレーションで
加えてみてはどうでしょうか。わかりやすくなると思うのです
が」と。

　とんでもない話だ。静かな森の中に響く木琴の音を、たどる
ようにして聴いていくところに、このフィルムのよさがある。

　しかし、相手は数百億円という広告宣伝費を仕切る宣伝部の
トップである。ずらりと並んだ電通の営業全員が、僕の顔を
見た。そういえば、この試写の前に、営業部長が僕のところに

やってきて「これからお会いする方はVIPだから、応対は丁寧にね」と釘をさして言った（僕はクライアントへの対応が乱暴なことで有名だ）。

とはいえ、いくらなんでもこの修正を受け入れるわけにはいかなかった。100人を超えるスタッフが数ヶ月にもわたって試行錯誤を繰り返した結果できた、奇跡の作品だ。何も知らないこのおじさんの一言で、それを無駄にするわけにはいかない。

僕は立ち上がって、それを断り、一礼してその部屋を出て行った。

「その修正が必須ということであれば、私はこの作品をあなたに差し上げません。制作費は弊社で支払います」と。

僕は退出してしまったので、その後どういう議論があったのかわからないが、なんとかその修正は免れることになり、そのままのかたちで公開された。そして「森の木琴」は世界中で大きな話題を獲得し、数々の賞を受賞した。

一年後、僕がカンヌの授賞式でトロフィーを片手にレッドカーペットの階段を降りていると、その重鎮と営業部長が駆け寄ってきて祝福してくれた。非常に嬉しそうだった。もう怒っていないんだなと思い、ほっとしたのを覚えている。

後から聞いた話では、僕が出て行った後、その重鎮が「クリエイティブディレクターがあそこまで言うのなら、その修正はやめよう」と言ってくれたそうだ。「わかりやすい」の罠から、奇跡的に生還した瞬間だったと言えるだろう。

「森の木琴」は、ドコモの自己紹介はせずに、ドコモは森を愛している、という「ドコモの好き」を語った作品だ。「偉大なブランドは、自分のことではなく、自分の愛するものについて語る」というルールを実践して、成功した広告と言えるだろう。

広告とは、「好告」である。「自分自身」についてではなく、「自分が好きなもの」について語ること。それによって、人間の「好きというプログラム」にダイレクトに働きかけ、人を動かす技術なのだ。

人材獲得とブランディング

よりよい人材の獲得は、企業経営の中で最重要課題のひとつとなっている。特にIT関連のように、人材の違いで最終的な成果に数十倍の差が出るような産業も多い。

かつては、ブランディングの主な目的は、最終的には販売によい影響をもたらすことだったが、今日では人材獲得のためのブランディングも重要になってきている。

　実は人材獲得もブランディングも、それがうまく作用するメカニズムは同じだ。

　サイモン・シネックは「ゴールデンサークル」のTEDビデオの中で、Appleを例にしたブランディングの話の次に、ライト兄弟を例にした人材獲得の話をしている。「人間は、Whatではなく、Whyに動かされる」と彼は繰り返す。ブランディングにおいても人材獲得においても、人間は「信念を持ったブランドや人物についていく」と彼は説く。

　ライト兄弟には、強力なライバルがいた。サミュエル・ピエールポント・ラングレーだ。彼は5万ドルの資金を陸軍省から与えられ、飛行機を開発していた。ハーバード大学に在籍し、スミソニアン博物館で働いていた彼には、豊富な人脈もあり、金の力で最高の人材を集めていた。当時は、もっとも成功に近い人物と考えられていた。

　一方、ライト兄弟のチームには、彼ら自身も含めて、誰一人として大学を卒業したものはいなかった。お金もなく、夢に挑む資金は、自分たちの経営する自転車店からの持ち出しだった。違っていたのは、彼らが「大義と理想と信念」に突き動かされていたということだった。彼らはこの発明が世界を変えることになると信じていた。一方、サミュエル・ラングレーが求めていたものは「富と名声」だった。ライト兄弟の夢を信じた人々は、「血と汗と涙を流して」共に働いたが、ラングレーのスタッフは

「ただ給与のために」働いていた。

　結果、成功したのはライト兄弟だった。1903年12月17日、ライト兄弟は初飛行に成功。一方、そのニュースを聞いたラングレーは、その日に飛行機の研究を断念してしまう。

　「信念」で結びついた無学のチームが勝ち、「給与」のために働くエリートチームは敗れた。しかし、どうして「信念」で結びついた人々は、そんなに熱心に働くことができたのか。

　サイモン・シネックによれば、彼らはライト兄弟のためではなく、「自分の信念」のために働くことができたから、と結論づけている。たしかに彼らは「ライト兄弟の信念」に惹きつけられて集まってきた。しかし、なぜ惹きつけられたのかといえば、そこに「共感」があったからだ。つまり、もともと持っていた「自分の信念」と「ライト兄弟の信念」の間に、共通する何かを見出したからこそ、惹きつけられ集まってきたわけだ。そこで与えられた仕事は、もちろん「ライト兄弟の信念」を実現するための仕事ではあったが、それは同時に**「自分の信念」を実現するための仕事でもあった**のだ。

　だからこそ、参加者は自己犠牲を厭わず、没頭してその仕事に取り組むことができた。客観的な条件を論理的に考えれば、ラングレーのもとで働いた方がよかったはずだが、彼らはそう考えなかった。なぜなら、人間は二人羽織のような存在であり、

論理や理屈を扱う「大脳新皮質」に意思決定権はない。感情を司る「大脳辺縁系」が、そこがもたらす「直感」が、ライト兄弟とともに働くことを決定したのだ。

　自分と同じ「信念」を持つ彼らに「共感」して集まり、結局は「自分の信念」のために働いた。だからこそ、没頭して、献身的に働くことができたのだ。

　日本を代表するコピーライター、仲畑貴志さんが、業界誌の連載でこう言っている。

　　「つまらないコマーシャルを流す会社へ就職すると、つまらない仕事をさせられる……可能性が高い。」[(12)]

　至言だ。そして、こう続けている。

　　「広告表現の最終決裁は、企業規模にもよるが、おおむね経営のボードメンバーが行う。いま、身近にテレビ放送を受信できる装置があれば、ちょっと見ていただきたいのだが、いま見たそのCMは、その企業の経営首脳陣が『これ、最高』と判断して世に出したものである。でも、その表現がうんこであったとしたら、どう理解すればいいのだろう。その企業は、たまたま広告戦術の評価能力のみが低いのだろうか？企業の未来を規定する戦略や、収益を左右する計画の取捨選択のセンスは大丈夫だ

ろうか？その会社に務めると、どんな仕事をすることに
なるのだろうか？不確定な想像ではあるが、その企業が
流している広告表現以上のチャーミングな仕事は生まれ
にくいと言えるのではないか。だって、つまらないCM
を『これ、最高』と思っている会社なんだもの。」[(12)]

　仲畑さんは、アウトプットされた広告を見れば、それを意思
決定した人々の「センス」がわかると言っている。ここで言っ
ている「センス」は、サイモン・シネックの「信念」に通じるも
のがある。企業経営というのは、意思決定の集積だ。その意思
決定を突き動かしている「センス」「信念」「好き」は、隠すこと
ができない。企業活動のすべてに影響を及ぼしてしまう。だか
ら、つまらないコマーシャルを流す会社ではつまらない仕事を
させられる可能性が高いのだ。

　スティーブ・ジョブズは、第三章でも取り上げた映画、「ス
ティーブ・ジョブズ 1995 ～ 失われたインタビュー ～」の中で
こう語っている。

　　　「これまでの私の成功は、真に才能ある人々を見つけ出
　　　すことで築き上げた。BやCで妥協せず、Aクラスの人
　　　材を求めたんだ。それで気づいた。苦労を惜しまずA
　　　クラスの者を5人、集めたとする。すると彼らは今までに
　　　ない楽しさを覚え、レベルの低い人間を排除する。そし
　　　てAクラスの者だけ雇うようになり、優秀な人材ばかり

が増えていくんだ。それがMacのチームだった。」⁽¹⁰⁾

彼は「レベル」という言葉を使っているが、これは単に「能力のレベル」を言っているわけではないだろう。その背後には「信念のレベル」もあると思う。レベルの高い信念を持つ人（志が高い人）が、レベルの低い信念の人と協業することは苦痛だろう。そして、類は友を呼ぶ、とも言っている。だから、最初の5人の能力や信念のレベルが問題だ、と言っているわけだ。

こうして見てくると、ブランディングと人材獲得は、一見まったく違うことのように見えるが、実は人間の同じ性質に基づくものであることがわかる。人間を突き動かす「好きというプログラム」だ。

だから、ブランディングに効く広告が人材獲得に効かないはずがない。また、人材獲得のための広告が最高のブランディングになることもある。それらは結局のところ、同じように作用するものだからだ。

このいい例として、僕が手掛けた「POLA リクルートフォーラム」という広告がある。この広告の目的は、POLAの美容部員を募集する人材獲得なのだが、僕はこれをPOLAのブランド広告として企画した。

「この国は、女性にとって発展途上国だ。」

　このナレーションから始まる広告は、ジェンダーイクオリティを真正面から訴えていくという、当時としてはラジカルな広告だった。オンエアと同時に、女性からも男性からも大きな反響があった。

　企画しているときは、この企画は採用されないかもしれないと考えていたが、もともと女性社員や女性幹部が多いPOLAでは、「どこに問題が？」という感じですんなり通ってしまった。クレームの電話もそれなりにかかってきたようだが、POLAは計画通りにすべてのコマーシャルをオンエアした。

　結果的には大成功で、この年から人材獲得イベント「POLAリクルートフォーラム」に応募する人は激増し、応募してくる顔触れも変わった。真正面から社会問題を扱う姿勢に「共感」した、若い女性や起業を目指す積極的な人材がたくさん集まってきたのだ。このことは、ライト兄弟の事例を思い出させる。

　そしてさらに、これは人材獲得のために行った広告だったが、POLAのブランド好意度が大きく上昇する結果にも結びついた。POLAの人は驚いていたが、これはむしろ当然の効果だ。僕らの企画は、人間の「好きというプログラム」を発動させるようにつくっていったので、これが人材獲得だけでなくブランディングにも作用する、というのは織り込み済みだったのである。

　実際、この広告にはPOLAの商品は出てこないし、ビューティーディレクターの仕事も一度も出てこない。人材募集の広告なのだから、仕事現場の風景がまったくないのは大丈夫なのかという意見はもちろん出た。しかし、この広告が何を目指しているのかを丁寧に説明して、理解を得た。

　偉大なブランドは、自分のことではなく、自分の愛するものについて語る。POLAの広告も、これをそのまま実践した広告だった。そして、これは人材獲得にもブランディングのどちらにも、大きな成果をうみ出した。

　「好きというプログラム」は、人を動かすプログラムだ。これに基づく広告は、人間の生物学的な特徴をとらえて、感情にダイレクトに訴えるアプローチをとる。だから、ブランディングや人材獲得といったカテゴリーを超えて、普遍的に効果をもたらす。多くの企業では、こうした世俗的なカテゴリーで担当部署をわけていることが多いが、これらは一括して取り組んだほうが効率もいいし、部署間の齟齬もなくなるだろう。

ブランディング　３つのコツ

　この項では、本書の読者であるビジネスパーソンやクリエイティブ初学者が、ブランディングに取り組む際のちょっとしたコツや、とっかかりのようなものについてお話ししたい。網羅

的な体系だったものではないことは、最初にお断りしておく。

　ビジネスパーソンであれば、実際にブランディングのための施策や広告を自分でつくることはあまりないだろうから、広告代理店やコンサルティング会社に発注する際のオリエンテーションの参考になるかもしれないし、また提案された内容を検討する際の指針のようなものになるかもしれない。

　クリエイティブ初学者にとっては、クリエイティブチームの一員として、ブランディングプロジェクトに参加する際の手がかりになるだろう。

　いずれにせよ、この本項の議論は、本書の最初から積み重ねてきた議論がベースになっている。したがって、この項を読むためには、これまでに語った「二人羽織」「感情」「好き」「共感」「連帯」「好きのプログラム」などの概念に通じている必要がある。本項だけ切り出して読んでも、あまり意味がないので、予めご了承いただきたい。

1.「ちょっといい未来」を語れ

　ブランディングとは何か、と聞かれることがある。そのときの最もシンプルな答えはこうだ。

ちょっといい未来を語ること。

モーターショーにいくと、自動車メーカーは一番の出しものとしてコンセプトカーを出品している。これが一番わかりやすい。コンセプトカーは、その自動車メーカーが考えている近未来のビジョンを、自分たちが現在持っている／開発している技術を使って表現したものだ。そのビジョンが、コンセプトカーそのものが、素敵だなと感じられれば、これはそのままそのブランドに対する好意に結びつく。Hondaの仕事をしていた頃、僕はこのことを高草木博純さんというアートディレクターから学んだ。最も尊敬する電通の先輩クリエイターの一人だ。

ちょっと余談っぽく聞こえる話が続くが、勘弁して欲しい。

電通でまだインターネットメディアのセールスしている頃、「Honda Green Machine」というメディア企画をHondaに提案したことがある。元の企画の内容は覚えていないが、とにかくこの「Green Machine」というタイトルが、Hondaの担当者に刺さった。当時は、トヨタがハイブリッド車で市場を席巻し、エコカーが自動車会社の主戦場になりつつあるときだったが、Hondaはハイブリッド技術だけでなく、燃料電池車や電気自動車など、さまざまなエコカーを総合的に訴求したいと考えていた。

僕がこのとき相対していたHondaの原寛和さんは、インター

ネットメディアのバイイング担当をしつつ、このエコカープロジェクトの責任者でもあった。今振り返ると、この偶然が僕をクリエイティブの世界へ導いた。ブランディングとは何かを、僕はことあるごとにHondaの仕事で考えてきたのだ。

原さんは、僕の提出した「Honda Green Machine」の企画書の表紙をじっと見ていた。僕は提案内容が気に入らなかったのかと少し不安になったが、しばらく考えた後、彼はこう言った。

「原野さん、この『Green Machine』という言葉が、素晴らしい。実は、来年発売されるハイブリッド車（インサイト）の担当をしているんだけれども、ハイブリッド技術以外のエコカー技術も同時に訴求できるようなアイデアを探していたんです。『Green Machine』は素晴らしいアイデアだ。今のクリエイティブチームを解散するから、あなたに、このコンセプトでキャンペーン全体の設計をお願いしたい」と。

ここで彼がクビにしようとしていたクリエイティブチームも、もちろん電通のチームなので、営業は一瞬引きつった顔をしていたが、関係がうまくいっていなかったのも事実だったのだろう。このクライアントの鶴の一声で、僕は未経験のまま突然、そのクリエイティブチームのリーダーを引き受けざるを得ない状況になった。

もちろん未経験のまま、日本を代表する自動車メーカーの

クリエイティブディレクターはできない。そこで僕は、当時バナー広告のクリエイティブ制作をお願いしていた高草木さんに相談して、彼にクリエイティブディレクターをお願いすることにした。

そして、高草木さんに指揮してもらった「Honda Green Machine」キャンペーンが大成功をおさめたことで、僕はそこから約10年にわたって、原さんとHondaのブランディングキャンペーンを手掛けることになる。

「Honda Green Machine」キャンペーン冒頭に出稿したのは、「ハイブリッドカーを、安くつくれ。」という元旦掲載の新聞広告（ビジュアルはスヌーピー）だった。これは、Hondaのインサイトが低価格化技術を武器に、高価格を指摘されていたトヨタのプリウスに対して真っ向から挑戦状を叩きつけた広告だ。追い込まれたトヨタは、数週間後にプリウスの値下げを発表するなど、世の中を騒がせたキャンペーンだった。

このキャンペーンでは、インサイトの商品特徴はほとんど語られていない。実際のところ、コマーシャルにも商品はほとんど出てこなかった。このキャンペーンは、低価格技術でハイブリッド市場に新規参入するHondaを「エコカーを民主化する」存在としてポジショニングするのが目的だった。本当に環境問題を考えるなら、お金持ちのためのエコカーではなく、「みんなが乗れるエコカーでなくては意味がない」という、Hondaの

考える「ちょっといい未来」を提示したわけだ。

　当時、プリウスはハイブリッド市場を完全に占有していて、後発のHondaが存在感を出すためには「トヨタ vs Honda」という対立構造を演出する必要があった。僕たちは「お金持ちのためのエコカー vs みんなのエコカー」という対立構造をつくりだし、「どちらの未来がいいか？」というテーマを市場に持ち込む作戦に出たわけだ。

　つまり、スペックの戦いではなく（正直燃費などのスペックはプリウスの方が上だった）、ブランディングの戦いを仕掛けたわけだ。これが見事に当たり、メディアも面白がって書き立ててくれたおかげで、Hondaのインサイトは華々しいスタートを切ることができた。

　次に原さんから来た仕事は、モーターショーのHondaブースのデザインだった。高草木さんと僕たちは、「ブースの外側からはクルマが一切見えないデザイン」というアイデアを提案した。モーターショーの目玉である新車やコンセプトカーの周囲に壁をたて、そこにHondaがクルマに託した思いや信念をコピーにして展示することにした。

　新車というのは見てしまえば終わりというようなところがある。しかし、大事なのはその背後にあるビジョンであり、信念である。モーターショーは販促の場ではなく、ブランディング

の場であるからだ。それが最も伝わるアイデアを考えた結果、商品そのものではなく、Hondaが考える「ちょっといい未来」とは何かを展示したわけだ。

モーターショーが始まると、Hondaブースには人だかりができた。この壁しか見えないブースが、隠されると見てみたくなる人間心理を巧みについていたのも成功要因のひとつだっただろう。競合メーカーと思われる人がこっそりと壁の内側を見にくる光景を見て、僕たちは非常に満足したのを覚えている。

余談になるが、OK Goのプロジェクト（74ページ参照）も原さんと手掛けたプロジェクトのひとつだ。原さんはビジネスパーソンにしては珍しく「直感型」の方で、僕がミュージックビデオの企画を持っていき、お金は出して欲しいが「完成するまで一度も見せない」という条件に合意して欲しいとお願いすると、「これはHondaの広告ではなく、OK Goのアートなのだから当然だ」とふたつ返事で受けてくれた。

彼が異動することになり、最後に一緒に手掛けたのが「Honda. Great Journey.」だ（85ページ参照）。本項の初めに話していた内容に戻るが、自動車会社のブランディングで最も重要なのは、その自動車会社の未来ビジョンを語るコンセプトカーだ。原さんから自動運転をテーマにしたブランディングキャンペーンをやりたいと依頼されると、僕は「広告ではなく、コンセプトカーをつくりましょう」と即答した。高草木さんの

教えを実践してみよう、と思ったのだ。

しかし、コンセプトカーは、そもそも自動車会社が未来を語る上で最も重要なブランディングアイテムであり、自動車メーカー社内のトップレベルのエンジニアやデザイナーが手がけるものと相場が決まっている。出入り業者の広告代理店がそれをつくるというのは、そもそもとんでもない話なのだ。

そのような懸念も話し合ったが、原さんは「なんとかするから」と言ってGoを出してくれた。僕はその足でロンドンに飛び、当時注目していたプロダクトデザイン会社「Map」のオーナー、ジェイ・オズガービーに面会した。ジェイは当時ロンドン五輪のトーチをデザインしたばかりのイギリスの国民的なデザイナーだったが、急な面会依頼にもかかわらず、出張の隙間に「1時間だけ時間がある」と言って会ってくれた。彼らは自動車をデザインしたことはなかったが、関係ないと思った。

僕はロンドンのSOHOハウスで彼に会い、拙い英語で「Honda. Great Journey.」のアイデアを説明した。小島監督の「ピースウォーカー」(85ページ参照)も見せながら、身振り手振りで話した。彼は「面白い」とその場で快諾してくれて、Mapのデザイナーと会う段取りをつけてくれた。

彼らといくつかの会議を重ね、最初のスケッチが送られてきたときのことを、今でも鮮明に覚えている。考え方、デザイン、

ディテールにいたるまで、完璧な出来だった。すぐに原さんに見せにいくと、いつものようにふんふんとうなずいて、すぐにOKを出してくれた。修正点はひとつもなかった。

やがてモデルが完成し、その写真や映像ができ上がった。素晴らしい出来栄えだったが、デザインにお金を使ってしまったので、それを広告する予算がもうなかった。そこで僕は、広告で広めるのではなく、報道機関にこれを広めてもらう、という奇策を思いついた。

欧米のニュースメディアは、たいていすべての記事に、記者の名前とメールアドレスを表示している。そこで、僕たちは自動運転について記事を書いている記者、つまり僕たちのプロジェクトに興味を持ちそうな記者をリストアップし、僕たちの作品をチラ見せしながら「もしこの記事を書いてくれるなら、発表前にすべての情報を教えますよ」という趣旨の電子メールを送った。これがうまくいきWIREDなどいくつかのトップメディアの記者たちから好意的な回答をもらった。

そして、発表当日。僕らのデザインしたコンセプトカーはニュースとして有力媒体のトップを飾ったのだ。文字通り媒体費を一円も使わず、このプロジェクトは業界のトピックとなった。先に述べた世界最高峰のクリエイティブエージェンシー、ワイデン・アンド・ケネディでも、このプロジェクトを社内で回覧して、みんなで見たという。その話を聞いて、非常に嬉し

くなった。「世界初のスペキュラティブデザインを活用したブランドキャンペーン」と言ってくれる人もいた。

　当時の自動運転技術は、自動車業界最大の関心事でありながらも、渋滞や駐車場問題の解決、あるいは危険回避の手段というように、実用的な議論に限定されていた。そして、そうしたトピックの中心にいるのは、いつもGoogleやTeslaといった企業で、Hondaのような伝統的な自動車会社は蚊帳の外状態だった。

　僕らのキャンペーンは、ここに新しい視点を持ち込むことが目的だった。そこに欠けているのは「夢」だ、と指摘したかったのだ。自動運転という新しい技術によって広がる、人類の新しい暮らし方。つまり「ちょっといい未来」を、Hondaの「夢」として提示したというわけだ。そこに難しい話や理屈はない。幼い頃、誰もが見ていた世界一周の夢がかなうかもしれない、という物語だ。

　Hondaのブランドタグラインは、「The Power of Dreams」。「Honda. Great Journey.」を見たとき、多くの人々は、自動運転技術、あるいは自動車そのものが、見失いかけてきたものに気づかされたのかもしれない。そして、Hondaの「夢の力」が、この21世紀においても健在で、素晴らしい輝きを持って「ちょっといい未来」を見せてくれることを知ったのだ。

　Hondaを事例に、「ちょっといい未来」がブランディングの中心テーマになることを見てきた。このことは、その他の事例でも当てはまる。

　前項で見た「POLA　リクルートフォーラム」では、女性差別のない社会という「ちょっといい未来」を掲げているし、「日本は、義理チョコをやめよう。」というGODIVAの広告では、忖度やパワハラのストレスのない健全な職場という「ちょっといい未来」を掲げている。

　ちょっといい未来のテーマは、幅広く見つかる。「Honda Green Machine」の「エコカーの民主化」のように、自社プロダクトとより大きな社会問題（環境問題）の関係を定義し直すのもひとつのやり方だし、「Honda. Great Journey.」のように自社の手がける技術が「人間社会の未来をどのように変えるか」ということもテーマになる。POLAやGODIVAのように、ジェンダーイクオリティや各種ハラスメントといった社会で共有されている現代の課題の解決を掲げるものも大きな共感を得やすい。

　日本企業の多くは、会社のエントランスに自社の歴史を説明するボードを掲げたり、過去の商品展示を行なっていたりすることが多い。また、ブランディングのための企業広告も、とかく創業者のストーリーなどになりがちだ。大企業の多くは、その創業者の優れた創業精神（＝ちょっといい未来）に支えられ

ていることが多いので、間違ったアプローチではないが、「過去における、ちょっといい未来」よりも**「現在における、ちょっといい未来」の方が説得力がある。**

　ブランディングを検討するのであれば、今、自分の会社が何を「ちょっといい未来」として考えているのかを、探してみるといいだろう。岡目八目という言葉もあるから、広告代理店にそれを見つけてもらうのもいいだろう。そして、それを周囲の家族や友達に話してみるのもいいだろう。お世辞抜きで、聞いている人の目がきらきらしたら、そのテーマは有望だ。

2．個人的に語れ

　この本では、「個人的な好き」という言葉をよく使ってきた。「個人的」というのは、クリエイティブの世界では非常に重要で、先に述べたように、映画監督のマーティン・スコセッシは、「最も個人的なことが、最もクリエイティブなことである」と言っている。この言葉は、映画「パラサイト」で第92回アカデミー賞を受賞したポン・ジュノ氏も、その受賞スピーチで引用している。

　このポイントは、多くのビジネスパーソンやクリエイティブ初学者のつまづくところのひとつだろう。

　多くのビジネスパーソンは、「個人的」なもののような不確かなものに依拠して、大きなキャンペーンを企画することはできないと言うかもしれない。そして、大規模なマーケット調査を行い、ターゲットと呼ばれる架空の集団の、最大公約数的な特徴を捻り出し、それを根拠にしたがる。

　最近ではペルソナと言って、それらを一人の架空人物に塗りたくって、存在しない誰かをつくり出し、「わかった感」を演出するというようなことも横行している。そうした想像上の人物を頭に思い浮かべながら、まったく別人である担当者が、主観的な当て推量で広告企画の「刺さる／刺さらない」といった判断をしていることも少なくないだろう。

　こうして文字にしてみると、こうした手法こそ不確かなものだと思うのだが、世の中ではこれがまかり通っている。人間には「信じたいものを信じる」という性質があるためだ。しかし、これは完全に人間の弱点で、本書でも以前触れたように、多くの詐欺師やペテン師が、この性質を利用して人を騙している。調査とか、ターゲットとか、ペルソナとか、そういう言葉に耳触りのよさを感じてしまう人は、少し注意したほうがいい。

　なぜなら、人間はそのようにできていないからだ。人間が持っている「好きのプログラム」は、「個人 vs 個人」でしか、発動しない。「好きのプログラム」は、生物学的なものであり、人類の進化の中で、目の前にいる人や出来事を評価するために発

達したものだと考えられる。進化論的に言えば、その機能を持っているが故にサバイブできた人類が、私たちの先祖なのだ。

　残念ながら、我々の祖先は「30代の女性」とか「代々木上原に住んでいるアート志向の若者」といった架空集団に対する評価を、感情的に行う機能を持っていなかった。そんなものは存在しないからだ。それらを我々が評価できるのは「大脳新皮質」による論理的な思考のおかげだ。ところが、この「大脳新皮質」は「好きのプログラム」とは関係がない。

　人間は「感情」に動かされている。だから、その蚊帳の外にある「大脳新皮質」でいくら論理的なシミュレーションを行なってみても、その蓋然性は高くないし、むしろ「信じたいものを信じる」という別の罠にはまってしまう可能性が高いのだ。

　だから「個人的な感情」「個人的な好き」など、個人的なものに注目する必要がある。

　わかっている。あなたが動かしたいのは100万人のオーディエンスかもしれない。しかしながら、100万人が動くというのは、100万人が「個人的な共感」によって連鎖的に動いているだけなのだ。

　世界中の人々を感動させる映画監督が、「最も個人的なこと」を重視しているのだ。こうした例は他にもある。

　この原稿を執筆している最中に訃報が届いた、本書で何度も紹介している岡康道さんは、日本を代表するクリエイティブディレクターであり、広告業界で最も尊敬されている人物の一人である。彼はインタビューに答えてこう語っている。

　　「僕の場合は極めて個人的なことから発想するタイプなんですけど、それは『僕自身が平凡だ』ってことに由来するんですよ。つまり僕が個人的に感じたことは、たぶん多くの人が感じてることなんです。凡庸な人間というのは、個人的な悩みから出発しても、多くの人がその時代に共感できる何かだったりする。だから僕は、自分の内側で企画をいじっていけば、それは割と色んな人に伝わるだろうと思ったんです。」
　　「凡庸であればあるほど自分のことを見つめていけば、それはみんなとどこかでつながっていくんじゃないかと。つまり、どんな商品も個人的なことから始めれば何かは出せると思ってる。」[13]

　彼の言葉の中にある「僕が個人的に感じたことは、たぶん多くの人が感じてること」というのは、科学的な証明は難しそうだが、多くのクリエイターが共感し、信じるところだろう。先ほどのマーティン・スコセッシの言葉も、同じ意味だ。

　また、映画「私をスキーに連れてって」や漫画「気まぐれコンセプト」で知られる、ホイチョイ・プロダクションズの馬場

康夫さんもこのように話している。

「宣伝部に配属されてしばらくしてから、ある日、会議室でその人と2人きりになって、突然、『オマエ、自分は他人（ひと）と違っていると思ってんだろ？』と言われたんですよ。ぼくは当然、"自分は違う"と思っていましたよ。たとえば、みんなが読まないミステリーやSF、アイザック・アシモフとかを読んでいたし、みんながロックに熱狂していたときにぼくはジャズだったり、ボサノバだったりしたので。『おれは個性的で他人と違う』ということは粋がって思っていましたね。」

「ぼくのオデコに書いてあったんでしょうね。『おれは他人と違うぜ！』って。で、『はい、思っています』と答えた。ぼくは"他人と違っていることはよいことだ"と思っていたから。そしたら、その人から『広告業界で長くやっていきたいんだったら、自分が他人と何が違うかじゃなくて、これからは他人と何が同じかを考えて生きろ』と言われたんですよ。」

「入社して間もなくの23歳ぐらいだったから、そのときは言われてもまだピンとこなかった。『他人と同じなんて日本人の一番ダメなところじゃん！』と思っていたから。『個性が全てだよ』と思っていた。でも、今にして思えばこんなに役に立った言葉はない。」⁽¹⁴⁾

　馬場さんが若い頃、日立製作所の宣伝部に配属された頃の
エピソードだが、彼は講演などで繰り返しこの話をしている。

**「自分が他人と何が違うかじゃなくて、これからは他人と何
が同じかを考えて生きろ」**というのは、岡さんが言っている
「僕が個人的に感じたことは、たぶん多くの人が感じてること」
と同じ意味だ。「個人的な感情」「個人的な好き」だけが、他の
人間と「共感」できる接点になるのだ。「好きのプログラム」は
この「共感」の実現がすべての前提になっている。

　クリエイターの世界では、これはほぼ常識的な発想なのだが、
ビジネスパーソンの世界では常に異端扱いされてしまう。個人
的なことは誤差のように扱ってしまい、ありもしない最大公約
数の世界を信じてしまうからだ。

　この分断は非常に大きな「川」となっているのだが、ここ
まで本書をお読みいただいた読者であれば、完全に川を渡り
切らなくても、対岸にあるクリエイティブの世界がこのような
原理で動いていて、しかもそれは脳科学的に、生物学的に真実
なのかもしれない、という発想には立ってもらえるのでないだ
ろうか。

　このことは、ブランディングにせよ、広告にせよ、エンター
テイメントにせよ、何かを企画するときには、是非心に止めて
おいて欲しいのだ。クリエイターの、そしてあなた自身の「個

人的な物語」「個人的な感情」「個人的な好き」を大切にして欲しい。それは、最初はとてつもなく頼りなく見える、ちっぽけなものだ。しかし、それに対する「共感」が強ければ（本書では市場性と表現した）、そのちっぽけなものが、100万人に涙させる映画を、100万人が大笑いするコマーシャルをつくり出す。

　まず、「個人的な好き」から始めよう。または、クリエイターの「個人的な好き」に耳を傾けてみよう。そのちっぽけなものの向こう側に、大きな未来が待っているのかもしれないのだから。

　最後にひとつ、Tipsを共有しておこう。「自分の好きなことがわからない」というビジネスパーソンやクリエイティブ初学者は、意外と多い（83ページも参照）。そういう人は「嫌いなこと」から始めてみるとよい。この商品のここはイマイチだなとか、このニュースのここが不愉快だなとか、イヤなことや、嫌いなことは、わりと簡単に見つかるかもしれない。そうしたら、それを「反対」にしてみるといい。その欠点をどのように改善したら「好き」になるのか。この社会をどのように変えたら「好き」になるのか。「嫌い」というのは、「マイナスの好き」である。あなたの個人的な不快感や憎しみの中に、あなたの「個人的な好き」は隠れているのだ。

3．地声で語れ

声には、不思議な力がある。

広告キャンペーンを企画するとき、僕はまず基本となるアイデアを考えて「マニフェスト」をつくる。新聞広告のボディコピーのようなものを想像してくれればいい。何をどのように訴えていくのかについて、A4で1ページくらいの文章にまとめるのだ。プレゼンテーションでは、まず最初にこれを朗読する。

ちょっと気合いの入ったプレゼンテーションでは、これをビデオにすることがある。文章の内容を映像化し、そこにナレーションを入れる。制作の途中段階では、僕自身が仮ナレーションを録音し、最後の仕上げ段階でプロのナレーターに朗読してもらう。不思議なもので、その瞬間、ビデオの説得力が格段に増す。人間の声には、不思議な力があり、天賦の素晴らしい声の持ち主に読んでもらうと、まったく同じ原稿でも印象ががらりと変わってしまうのだ。

これは、広告やブランディングにも当てはまる。ここで言っているのは、コマーシャルに吹き込まれる「声」のことではなく、全体の「トーン」というような意味だ。

録音された自分の声を初めて聞いたとき、まるで自分ではないと感じられた経験はないだろうか。ずっと吹替版で見ていた

141

ドラマを、初めて元の音声で聞いたときの違和感はどうだろうか。人間は、「声」というものにアイデンティティを感じるようにできているのだ。

それと同じで、ブランドにも、それぞれ決まった「声のトーン」がある。これを専門用語で「ブランドボイス」と呼んでいるが、広告やブランディングで大事なことのひとつは、このブランドボイスを尊重することだ。

どんなに素晴らしい広告だったとしても、Appleのブランドボイスで松下電器が広告を展開したら、それを見た人は何か違和感を感じる。Nikeのブランドボイスでトヨタ自動車がブランディングを行ったら、何か自分自身を偽った広告に感じるだろう。

日常生活で、常に裏声で話す人や、他人の声色を真似て話す人がいたら、ちょっとおかしな人だなと思うだろう。それと同じことが、広告やブランディングでも起きるのだ。そして、そういう広告は意外と多い。

これは、ビジネスパーソンからクリエイターへのオリエンテーションで、「○○みたいな広告をやりたい」と求めることに起因したり、未熟なクリエイターが自分の好きなブランドの広告に似たアイデアを提案したりすることで起きる。

「個人的な好き」を出発点にするのは正しい。しかしながら、それを語る「声」「トーン」、つまり「ブランドボイス」には気をつけなくてはならないのだ。

　たとえば、僕の作品のひとつに、GODIVAの「日本は、義理チョコをやめよう。」という新聞広告がある。僕自身とても気に入っている仕事だ。

　岡本欣也さんが書いてくれた、この広告のコピーを見てみよう。

日本は、義理チョコをやめよう。

バレンタインデーは嫌いだ、という女性がいます。
その日が休日だと、内心ホッとするという女性がいます。
なぜなら、義理チョコを誰にあげるかを考えたり、
準備をしたりするのがあまりにもタイヘンだから、というのです。
気を使う。お金も使う。でも自分からはやめづらい。
それが毎年もどかしい、というのです。

それはこの国の女性たちをずっと
見てきた私たちゴディバも、肌で感じてきたこと。
もちろん本命はあっていいけど、義理チョコはなくてもいい。
いや、この時代、ないほうがいい。そう思うに至ったのです。
そもそもバレンタインは、純粋に気持ちを伝える日。
社内の人間関係を調整する日ではない。だから男性のみなさんから、
とりわけそれぞれの会社のトップから、彼女たちにまずひと言、
言ってあげてください。「義理チョコ、ムリしないで」と。

気持ちを伝える歓びを、もっと多くの人に楽しんでほしいから。
そしてバレンタインデーを、もっと好きになってほしいから。
愛してる。好きです。本当にありがとう。そんな儀礼ではない、
心からの感情だけを、これからも大切にしたい私たちです。

バレンタインデーを、好きになってください。
GODIVA

　さて、もしこの広告を、GODIVAではなく、明治製菓やロッテが出しているとしたら、どんな印象になるだろうか。最初から文章を読み直して欲しい。ちょっと違和感があることに気づくだろう。

　この広告は、GODIVAという外資ブランドだからこそ、語っても違和感のない内容で構成されている。また、聞いたことのないマイナーなブランドではなく、それなりに世界で評価されている、規模の大きな高級チョコレートの会社だからこそ、説得力がある内容にもなっている。もし、日本のメーカーが発信するなら同じ内容でもそのトーンは変わるべきだし、もっと小規模なブティックブランドだった場合も、それに合ったトーンというものがある。

　実は、このGODIVAの広告に影響を受けたと思われる広告をいくつか見かけることがあるのだが、このブランドボイスの問題をクリアしていないものが多い。GODIVAでないのに、GODIVAの広告を模倣すると、ちょうど裏声で喋る人のように、ちょっと信頼できない感じが出てしまうのだ。

　では、どのようにしたら、そのブランドの「ブランドボイス」を見極めることができるのか。

　これは、理屈ではない。シンプルに、自分の「大脳辺縁系」の声なき声に耳をすますしかない。つまり「感じる」しかない。

コピーを書いてみて、最後にブランド名を加えて、声に出して読んでみる。なんかしゃらくさいなとか、かっこうつけているなとか、もっさりしているなとか、違和感を感じるようであれば、それは要注意だ。

アイコニックな創業者がいるブランドは、その創業者のキャラクターがそのままブランドのキャラクターになっていることが多い。たとえばHondaであれば、「オヤジ」と社員に親しまれた本田宗一郎のキャラクターはそのまま、HondaブランドのDNAとなっている。

かつて「Honda Green Machine」のキャンペーン（125ページ）を担当しているときに発見したことのひとつに「命令形にするとHondaっぽい」ということがあった。

「クルマを、救え　Honda Green Machine」
「ハイブリッドカーを、安くつくれ。」
「ハイブリッドカーは、エコで終わるな。」

もしこれらのコピーをそのままトヨタ自動車の広告に使ったら、ちょっと違和感がある。「オヤジ」の「ブランドボイス」がコピーにも憑依するからこそ、これらのコピーは「Honda らしい」と感じられるのだ。

僕らはこの発見をもとに、その後担当したモーターショー

（128ページ）でも「ないものをつくれ。」というコピーをつくったが、こうしたHondaの「命令形」の広告活動に影響を受けたのか、日産自動車が「やっちゃえ。NISSAN」というキャンペーンを始めたときには、苦笑した。

このキャンペーンでは、矢沢永吉さんがキャスティングされていて、彼のブランドボイスとしてはぴったりなコピーなのだが、日産自動車のブランドボイスにマッチしているのか、少し疑問があったのだ。しかし考えてみると、日産自動車のブランドボイスがどんなものか、その印象は希薄だ。カルロス・ゴーンさんの印象も強いが、彼の印象がそのまま日産自動車、というわけでもない。だからこそ、独自のブランドボイスを持つ矢沢さんを起用するという作戦に出たのかもしれない。これはひとつのアイデアだろう。

しかし、これから先はどうするのだろうか。ずっとタレント頼みというわけにもいかないだろうし、借りもののブランドボイスはいつかどこかで矛盾や破綻がくるのではないだろうか。

声には不思議な力がある。人間と同じく、ブランドにもその個性を表すブランドボイスが存在する。魅力的な人の声が魅力的であることが多いように、魅力的なブランドのブランドボイスも、やはり魅力的なことが多い。声に印象のない人の印象が薄いように、ブランドボイスに印象がないブランドの印象も薄くなりがちだ。そして、ブランドボイスは短期的にはイメージ

キャラクターなどから借りてきたり、偽装したりすることもできるかもしれないが、長期的にそれを使い続けることはできない。

　ビジネスパーソンの中には、広告では常に「自社にしか言えないこと」を語る必要があると考えている人が多い。しかしながら、これは間違いで、「誰にでも言えることを一番最初に言うこと」が重要なのだ（前項参照）。しかし、そこで最も大事なのは「地声で話すこと」だ。**「自社にしか言えないこと」ではなく、「自社の声で語ること」が重要なのだ。**

「地声」で話すこと。ブランディングや広告を行うときは、その内容だけでなく、その「声」にも十分注意すべきなのだ。

「好き」が世界を変えていく

　ここまで、「二人羽織」「感情に訴える」「個人的な好き」「好きというプログラム」「共感」「連帯」といったキーワードで、多くの「クリエイター」が当たり前のように信じて、特に意識せずに活用している「人を動かす原理」について、ビジネスパーソンやクリエイティブ初学者にもわかりやすい言葉を選びながら、時には少し理屈っぽく説明してきた。

　いかがだっただろうか。少しでもクリエイターとビジネス

パーソンやクリエイティブ初学者の間に横たわる「川」、つまり人間観の違いをイメージしてもらえたとすれば、この本の試みは大成功だと思う。

本書の主張を非常にシンプルに言えば、**人間は好きなものについていってしまうようにプログラムされた生き物である**、ということだ。

この「好きというプログラム」によって人は動くし、このプログラムをハックすれば、ポジティブな方向にもネガティブな方向にも、人間を動かすことができる。ポジティブな方向にこれを活用する人が、広告やエンターテイメントのクリエイターであり、ネガティブな方向にこれを悪用しようとするのが、ヒトラーのような独裁者である。

ブランディングとは、つまるところ、そのブランドを「好きにさせる」営みである。そして、そこでは広告という手段が役に立つ。

かつてブランディングは、「好きにさせること」を直接の目標としつつも、最終的には売り上げや利益にポジティブな影響を与えるために行われてきた。近年では人材獲得への貢献も重要視されるようになっている。このふたつは同じメカニズムで機能しているので、いわば当然のことであり、実際に効果もある。

そしてさらに最近では、ブランディングと社会問題の解決を結びつけるソーシャルグッド広告も注目されている。

ソーシャルグッドとは、社会に対して「よい」インパクトを与える製品、サービス、活動、広告コミュニケーションなどの総称だ。社会には地球環境や地域コミュニティが含まれている。そのテーマは多岐にわたり、水や空気といった環境浄化、都市の緑化、教育やヘルスケア、気候変動、貧困、ジェンダーイクオリティ、LGBTQなどが含まれる。

かつて、こうした社会貢献活動は、CSR（Corporate Social Responsibility）活動と呼ばれ、それを担当する部署の仕事と考えられていた。しかし、2010年頃から注目され始めたソーシャルグッドの文脈の中では専門部署に限らず、本業のビジネスにおいて社会によいインパクトをうみ出そう、という考え方が主流になっている。

つまり以前は、CSR活動という免罪符を持ちつつ「本業は好きなようにやらせてもらう」考え方が主流だったのが、今では「本業そのものを社会課題の解決に結びつけていこう」という考え方に変わってきたわけだ。

この流れに並行して広告代理店の領域拡張という流れがあった（100ページ）。もともと行っていた媒体枠内の表現をつくることから、コミュニケーション活動全体を設計するコミュニ

ケーションプランニングへと拡張し、さらに商品開発や研究開発への関与まで、仕事の内容がどんどん広がっていった。

その結果、このふたつの流れが重なり、クライアント企業に対してソーシャルグッドな本業拡張のアイデアを提案することが、新しい活動領域となっていったのだ。

広告代理店によるソーシャルグッド企画の元祖は、Droga 5（ドロガ・ファイブ）というニューヨークの広告代理店が企画した「Tap Project」（2007年）だと言われている。Tap Projectはニューヨークで始まり、レストランで無料で提供される「お冷や（Tap）」に対して寄付を募ることで、発展途上国の子供たちに清潔な水を届ける取り組みだ。世界では、三人に一人が安全な飲み水を入手できず、汚れた水と不衛生な環境が原因で、毎日約800人以上の小さな子供が命を落としている。すべての子供に安全な水を届けようという志から、このプロジェクトは始まった。

当時、Droga5は、2006年に設立されたばかりの小さな広告代理店だった。しかし設立２年目の年にTap ProjectをUNICEFに提案し、それが大成功をおさめたことで、またたく間にその名を世界に知らしめた。それまで企業の営利活動を支えることが広告代理店の役目と考えられてきた中で、そのクリエイティビティの力を社会問題の解決に役立てようという発想が、世界中のクリエイターに共感され、その後のソーシャルグッドムー

ブメントのお手本となっていったわけだ。

　ちょうど同じ2007年に、僕もソーシャルグッドな取り組みに挑戦していた。もちろん当時はそんな言葉や概念はなかったが、ドリルを設立して３年目にあたる年で、何か広告で新しいことをやってみたいと無我夢中で働いていた頃だった。

　ある日、タカラトミーから「リカちゃん40周年記念広告」の依頼が来た。ブリーフを受け取ってまず思ったのは、ただ40周年を祝う広告をつくるだけでは意味がない、ということだった。周年広告は、企業広告の中では定番中の定番だが、どうも企業の自己満足に終わりがち、という印象がある。何かそれ以上のことをやってみたい、と強く思った。そこで僕はまず、リカちゃんの現状を観察するために、おもちゃ屋の店頭を見にいくことにした。

　リカちゃんの売り場は、おもちゃ屋の少し奥の方にあった。伝統ある定番のおもちゃだから、それなりの売り場面積は確保できているのだが、当時のおもちゃの主役はテレビゲームになっていた。にぎやかなゲーム売り場の前を通りすぎて、リカちゃんの棚の前に立ったとき、僕の心の中に何とも言えない「違和感」がわき上がった。

　なんだろう。とにかく、古臭い。ピンクできらきらで、装いはかなり派手なのだが、何かが違う。見た目のデザインだけの

問題ではない。この売り場の前で、若いお母さんたちが自分の子供に、リカちゃんを積極的に勧めるシーンが、どうしても想像できなかったのだ。

　会社に戻った僕は、もらってきたリカちゃんのカタログを眺めながら、このもやもやの原因は何なのだろうか、と考え込んだ。そして、ぼんやりとカタログのページをめくっていたときに、僕は大発見をした。リカちゃん遊びの本質が、炊事、洗濯、掃除といった「家事労働シミュレーション」ではないか、と気づいたのだ。

　リカちゃんは、1967年にうまれたおもちゃだ。当時の常識で言えば、女の子の理想の将来像は「良妻賢母」。リカちゃんのママのように、子供たちの面倒を見ながら、そつなく家事労働をこなすのが女の子の夢だった。

　一方、現代のお母さんは、大抵仕事を持っている。そんな彼女たちにとって、家事労働は女の子の夢どころか、むしろ、大きな精神的プレッシャーを与える存在になっているのだ。そのような環境に置かれている若いお母さんが、娘との遊びとして、積極的に「家事労働シミュレーション」を選択するはずがない。それが、リカちゃんを古臭く感じさせる最大の原因なのではないか、と考えた。

　ここまで考えたとき、僕の頭の中に、忘れることのできない

ひとつの詩が蘇った。中学校の教科書に載っていた、新川和江さんの「わたしを束ねないで」という詩だ。

　すぐに本屋に行って、詩集を手に入れた。オフィスで読み返すと、おもわず涙がこぼれそうになった。リカちゃんが「わたしを束ねないで」と、僕に訴えかけているように思えたからだ。そこに、リカちゃんを手にして困惑する現代の若いお母さんの姿も、重なって見えた。この言葉は、彼女たちの言葉でもある。

　そして同時に、これだ、と思った。リカちゃんを家事労働から解放する。40周年キャンペーンのテーマは、「新・女の一生」に決まった。

　次の課題は「家事労働から解放されたリカちゃん」に、何をさせてあげればいいのかだった。もし自分だったらと考えると、「世界旅行」というアイデアがすぐに浮かんだ。アイデアの種は、常に個人的な体験や思い出の中にある。

　数年前、未経験のままクリエイティブディレクターになった頃、僕の目を大きく見開かせてくれたのは「旅」だった。カンヌへの旅。そのときの出会いや感動が、自分が進むべき道をあかあかと照らし出してくれたのだ。

　そうだ、旅だ。旅しかない。リカちゃんを「家事労働シミュレーション」のドールハウスから引っ張り出して、世界中を

旅させよう。僕は、企画書の表紙に「Licca - The Journey of 2007」と書いた。後に、コピーライターの山田のりこさんが、Journeyを棒線で消し、「ワールドツアー」にしたら、と書き直してくれた。「Licca World Tour」の誕生だ。

「世界旅行」というコアアイデアが決まると、実施案はいくらでも思いついた。

　まず、この世界旅行をひとつの長編ストーリーにしよう。

「素敵なレディになるために。」── 山田さんの書いてくれたこのコピーが旅の目的を明確にしてくれた。リカちゃんは、訪れた都市での発見や出会いを、毎日「旅ブログ」につづっていく（当時、ソーシャルメディアはなかった）。僕たちが実際に世界中を旅して、毎日ブログを書けばいい。現地でコンテンツのネタを取材しながら、同時にリカちゃんをロケーション撮影していく。その写真が毎日アップされていく。

　そうだ、新商品もつくろう。それぞれの都市ごとに「テーマ」や「物語」を設定する。たとえば、パリなら「社交界へのデビュタント」、LAなら「ハリウッドセレブパーティー」、ナイロビなら「サファリ探検」というように。それらテーマ別の洋服や小物と人形のセットを、リカちゃんの旅ブログと同期させて発売していく。売り場を毎月編集し、雑誌のように更新していく。

当時流行していた飛び出す絵本にヒントを得て、見開きページごとに、ストーリーの舞台装置となるドールハウスがポップアップする絵本のアイデアも思いついた。絵本でありながら、実際にその中でリカちゃんと遊べる「折りたたみ式のドールハウス」。僕はこのアイデアがとても気に入り、世界でもトップクラスのペーパーアーティストと交渉するために、米国へも飛んだ。僕ら自身が旅をしていた。

　当時親交のあったマルティ・ギセ（バルセロナ在住のアーティスト）に相談すると、自分のリカちゃんをお店に預けると一週間後にお土産を持って帰ってくるという旅行代理店型の販促企画「Licca Travel Agency」を考えてくれた。これは新しい「体験型の売り方」でもある。「テレビとつないで遊べる知育玩具」の企画もしたし、「パスポート風の小冊子」を使ったスタンプラリーも考えた。リカちゃんの旅立ちのときに流す「新聞広告やTVCM」も企画した。

　リカちゃんとお揃いの「子供用スーツケース」のデザインも考えたし、「航空会社」「旅行会社」「各国観光局」や「テレビ番組」とのタイイン企画も考えた。「リカちゃんケータイ」や「おはなし地球儀」の商品企画もつくった。「イベント」「DM」「店舗什器」「カタログの台割り」など、とにかくすべてを細かく精密につくった。

　こうした企画のディテールは、制作会社でコピーライターを

していた山下美代子さんによるものだ。彼女自身が大のリカちゃんファンで、文字通り没入的に、膨大な量の企画をつくってくれた。リカちゃんが各地で着る洋服のデザインもすべて、彼女が描いた。

「40周年当日の新聞広告」には新川先生の詩を掲載したいと思い、本の奥付にあった出版社に電話して、先生を紹介して欲しいと頼み込んだ。出版社の尽力のおかげで、僕はついに面会の約束を取り付け、ご自宅におしかけた。先生は、熱心に話す僕の説明を一通り聞き終わると、「リカちゃんねぇ……。まぁ、おやんなさい」と優しくおっしゃり、その後、近くの店でそばを御馳走してくれた。

　社に帰って先生のOKが出たと伝えると、アートディレクターの浜島達也さんが「ショートカットのリカちゃん」の上に「詩」をレイアウトした、素敵な新聞広告のカンプをつくってくれた。旅で少し大人になり、髪型を変えた、という設定だ。リカちゃんの髪の毛は、浜島さん自身がはさみで切っていた。

　こうして、とにかく「やれることはすべてやった」という、超濃密で膨大な企画書ができ上がった。

　最後の仕上げはプレゼンテーションだ。電通の営業が苦労して、富山社長ご本人に直接プレゼンできる場をセッティングしてくれたので、念入りにプレゼンテーション方法を検討した。

細部に至るまで精密に検討してあるので、内容には自信が
あった。しかしこれらすべてを説明したら、逆に社長を退屈さ
せてしまうかもしれない。ここで思い出したのは、プレゼンテー
ションの師匠である岡崎孝太郎さんの教えだ。「感情に訴えろ」
「映画のように、プレゼンせよ。」(30ページ) という指導を思い
出し、念入りにプレゼンテーションの「クライマックスの演出」
を考えた。岡崎さんによれば、クライマックスは「無言」がい
いらしい。

　富山社長は、数々の大ヒット商品を手掛けた企画のプロだ。
だから、くどくどした説明は必要ない。むしろ「見た瞬間に
ピンとくるような演出」が必要と考えた。僕たちのアイデアが
一目でわかるような工夫をしなくてはならない。

　そこで注目したのが、ルイ・ヴィトンの「ワードローブトラ
ンク」だ。冷蔵庫のように大きなトランクで、開くと洋服ダン
スとハンガーラックが内蔵されている、要するに持ち運び可能
なクローゼットだ。ルイ・ヴィトンはもともと貴族のための旅
行用鞄をつくる会社だったため、そのシンボルとして店頭の
ショーウィンドウに、ワードローブトランクを飾っていたのだ。
これこそが「旅の夢」と考えた僕は、当時ドリルでセールスプ
ロモーション制作物のプロデューサーをしていた上野さんにお
願いして、その「完全なミニチュア模型」を制作してもらった。
もちろんスケールはリカちゃんと同じだ。「TVチャンピオン」
というテレビ番組に出演されていた、日本最高峰の模型師の

方にお願いした。

　プレゼン当日。僕は緊張しながら、富山さんに企画書をお渡しして、まずは戦略の説明から始めた。リカちゃん遊びを「家事労働シミュレーション」と捉えた戦略パートも、ふんふんと興味深そうに聞いていただいたが、問題は「ビッグアイデア」だ。プレゼンのクライマックス。

　「ビッグアイデアは、『Licca World Tour』です」と言って、僕は富山さんの目の前に、「リカちゃん」と「ワードローブトランク」を並べた。しばしの沈黙。「ワードローブトランク」を手に取って、じっくりと見ている。しばらくして、富山さんは顔を上げ、僕を見てこう言った。「リカちゃんに世界中を旅させる、というアイデアですね。面白い」と。社長はアイデアを完全に理解している。

　「はい」と答え、それ以降、僕は無言で富山社長の前に置いた企画書をどんどんめくっていった。「旅立ちの新聞広告」「ブログ」「新商品のアイデア」「飛び出す絵本型のドールハウス」「知育玩具」「店頭什器」「カタログの台割り」「雑誌広告」「テレビ番組とのタイアップ」「交通広告」「イベント」「詩の新聞広告」「パスポート」「観光局とのタイイン」「DM」「ゲーム化案」「トランク」……。どの項目にも細かい内容がびっしりと書いてあるが、あえて説明はしなかった。膨大なアイデアが載った企画書のページを、ひたすら無言でめくっていった。

あまりにもボリュームがある企画書だったので、社長は途中からずっと笑っていた。僕も笑っていた。大成功だ。

　企画はその場で採用され、キャンペーンはほぼその通りに実行された。提案した「新商品」や「飛び出す絵本型のドールハウス」なども、もちろん発売された。その年の売り上げは大幅に上がり、僕たちのキャンペーンは大成功に終わった。

　しかし、何より嬉しかったのは、小学校の先生から来た手紙だった。「新川先生の詩」と「ショートカットのリカちゃん」がならんで掲載された新聞広告（12ページ）が非常に気に入り、教室の後ろに貼ってくれた、と書いてあった。また、あちこちでその新聞広告をポスターのように貼り出して「新川先生のフェア」を開催する書店が出てきた。小学館からキャンペーンを書籍化したいという話がきたり（実際に写真集として発売された）、あるレコード会社は独自にコンピレーションアルバムを発売したりもした。

　このキャンペーンは「リカちゃんの40周年キャンペーン」という商業的な目的のために企画されたが、「新・女の一生」というコンセプトを発見し、メインテーマに設定したことで、日本におけるジェンダーイクオリティをテーマにしたキャンペーンのさきがけとなった。

　また、新商品や周辺商品の企画など「本業」を通じた取り組

みも積極的に行ったことから、ソーシャルグッド的なプロジェクトのさきがけという見方もできる。ジェンダーイクオリティやソーシャルグッドといった言葉が聞かれるようになるのは、それから何年も後のことだ。

振り返ってみると、この企画の中でもっとも重要だったのは、間違いなく「新川先生の詩」だと思う。僕らもそれなりにがんばったと思うが、先生の詩がすべての出発点になっている。

僕がこの詩に出会ったのは、中学生のときだ。衝撃的だった。何度も何度も読み返した。そのとき、僕の心の中に灯った「個人的な好き」が、時を超え、新川先生という「巨人の肩」を借りて、「Licca World Tour」という広告企画にたどりついたのだ。

そして、この詩に対する僕の「個人的な好き」への「共感」が、クリエイティブチームやクライアントの「連帯」をつくりだし、さらに、そこからうまれた「Licca World Tour」に接触したすべての人、つまり、子供たちやお母さん、学校の先生、書店の店員、出版社の編集者、レコード会社のプロデューサーなどに、ドミノ倒しのように波及して、いっそう大きな「連帯」をつくり出した。それぞれの心の中に何かが灯った。

さらに言えば、この詩に対する僕の「個人的な好き」は、その後も何度となく再燃し、POLA、GODIVAなどの広告企画に

強い影響を与え続けている。

　人間は、「好き」でつながっている。
　そして「好き」は、時を超えて、広がる。

　それは、「共感」や「連帯」をうみ、
　社会に新しい考えやアイデアを拡散する「触媒」となるのだ。

　そう。
　世界は、「好き」が動かしているのだ。

付録　ものづくりを成功に導く7つの原理

「ものづくりを成功に導く7つの原理」は、英国で出版された『Creative Superpowers: Equip Yourself for the Age of Creativity』(Laura Jordan Bambach 他監修、Unbound、2018年)に著者が寄稿したものです。ここでは、同書の日本語版『クリエイティブ・スーパーパワーズ』(河尻亨一訳、左右社、2018年)から転載し、加筆しています。

　私の作品やそのつくり方は極めてユニークだ、と言われる。そのため、あなたはどのようにして作品をつくっているのか、という質問をよく受ける。ここでは、そんなとき私が話していることを簡単にまとめている。あえて体系的なものにしていない。体系化することによってわかりやすくすることはできるかもしれないが、それによって失われてしまう何かがあるからだ。だからここからは、私と日本酒でも飲んでいるつもりで、気軽に読んでもらえればいい。

1　知りすぎるな

　「学ぶ」ことと「創造的になる」ことは、実はトレードオフの関係にある。多くの人は、まずここを間違えていることが多い。つまり学ぶほど創造的になれる、と盲信している。たとえば広告の仕事なら、クライアントのブリーフをよく読み込むとか、テーマについてリサーチを行うとか、ターゲットの話をたくさん聞いてみるとか、そういうことが大切だと信じ込んでいる。

　こうしたことは、もしあなたがただ単に、クライアントの問題を解決することを通じて彼らをハッピーにする作品をつくりたい、と考えているなら間違いではない。しかし真に創造的なものをつくることを通じて、クライアントをハッピーにしたいというのであれば、それは間違いだ。

なぜなら対象について知れば知るほど、あなたが創造性を発揮できるエリアは狭くなっていくからだ。答えを出すにあたって、無視することのできないチェックポイントがどんどん増えていけば、おのずとやるべきことは決まってきてしまう。そうなると、あなたがつくり出すものは、次第にその他の人がつくり出すものと似てきてしまうのだ。知識は創造の敵なのだ。

　創造することは、実は「それまで大事だと思われてきたことを無視すること」に他ならない。

　たとえばUber。極めて創造的なサービスで、あっという間に世界を席巻した。世界には何万というタクシー会社が存在すると思うが、これまでどの一社も同様のサービスをつくり出すことはできなかった。なぜなら、彼らは自分たちの仕事を知りすぎていたからだ。Uberは、既存のタクシー会社が重要だと考えていたものをことごとく無視することによって、だれも思いつかなかったサービスをつくり出すことができた。

　多くの人は、学ぶことや知ることは尊く、努力すべきことであると考えている。しかしながら、もしあなたが「本当に新しいもの」をつくり出したいのであれば、知りすぎてはいけない。ブリーフを深く読み込むよりも、ぼんやりと聞いた話の中で自分の心に残ったこと、ひらめいたことを、もっと直観的に信じることが大切なのだ。

2　いきなり考えるな

　ものをつくる前に考えることは重要だが、一人で考えるより
も、複数の人間で考えた方が圧倒的にはやいということを、もっ
と重視すべきだ。何かをつくろうとするときにまずするべきこ
とは、どうやってつくろうかと考え始める前に、「あなたが一
緒につくりたい人を探すこと」から始めるとよい。

　ものづくりというのは、砂場遊びのようなやり方が一番うま
くいく。一部の天才を除いて（そういう人はこんな文章は読ん
でいないだろう）、多くの人は複数の人間とチームで考えたり、
つくったりすることによって、よりよい成果を出すことがで
きる。

　公園の砂場で遊ぶ子供たちを観察していると、短期間にさま
ざまな「イノベーション」が連続して起きる様を見ることがで
きる。最初はみんなそれぞれバラバラに遊んでいるが、誰かが
山をつくり始めると、それをかっこいいと思った子供たちはみ
な山をつくり始める。誰かがそこに穴を開け始めると、それを
見た他の子供が、反対側からも穴を掘ることでトンネルをつく
ることができると発見する、という具合に、影響しあい、付け
加え合うのだ。

　ものづくりの現場もこのような「砂場」スタイルが望ましい。
必要な才能を集め、会議をするというよりは、砂場遊びのよう

に各々がプレイする様子を鑑賞し合うようなスタイルがいい。ここでさらに創造性を高めるコツは、同じような分野の才能を集めるのではなく、「異なるジャンルの才能を集めて砂場遊びをする」ことだ。

　私の会社には、クリエイティブディレクターである私と、アシスタントの二人の社員しかいない。広告会社なら、コピーライターやアートディレクターがいるべきかもしれないが、上記の砂場遊びの法則を徹底化するために、あえてそういう固定メンバーを置かないスタイルをとっている。

　コピーライターやアートディレクターと組むかわりに、産業デザイナーと組んでみる。振付師と組んでみる。作曲家と組んでみる。プログラマーと組んでみる。もちろんこうした人びとも、これまで制作現場にいないことはなかったが、一番最初の砂場遊び（＝アイデア開発）の段階にはいないことが多かったと思う。広告業界では常にコピーライターとアートディレクターの砂場遊びからものづくりを始めることが多いからだ。

　一人で考えるのではなく、複数人で考える。しかも固定メンバーではなく、普段は一緒にいないメンバーと考える。こうしたやり方によって、新しいものは創造される。新しいものは、新しいつくり方からしかうまれない。つくり方、つくるプロセスが何より重要だ。「つくり方をつくる」ことでしか、新しいものをつくり出すことはできないのだ。

3　侵犯せよ

先に書いたように、一人でつくるよりも、異なる分野の専門家を集めてつくった方が、よりはやく、より創造的なものができる。より新しいものをつくり出すことができる。しかしこのとき重要なのは、「侵犯する自由をルールとして共有すること」だ。

多くの場合、専門家同士で働くときには、互いの専門分野は侵犯しないというのが暗黙のルールになっている。しかし私は、そのことが創造性を大きく阻害する要因になると思っている。これを互いに許容し合うことで、ものづくりの現場は、変わる。

コピーライターがデザインに口を出しても構わないし、クリエイティブディレクターがフィルムのエディターがつくった編集に手を入れても構わない。デザイナーが作曲家のサウンドトラックを変えてしまってもOKだ。本当に優れたクリエイターとは、こういう「侵犯」を受け入れて、さらにベターなものを提案しようとする人たちのことだ。

たとえばOK Go。私は彼らのためにミュージックビデオをつくったことがあるが、リハーサルの最中に、どうしても突破できない壁にぶつかった。彼らの作品の多くは「ワンショット」で撮影されていることで有名で、私たちの作品もワンショット撮影することが必須だった。ところが、それを成立させるため

に必要な、ある地点からある地点までの移動距離が少しだけ長く、ワンショット撮影が物理的に不可能であると判明したのだ。あらゆる方法を検討した結果の結論だったので、現場は重苦しい空気に包まれた。

そのとき私が提案したのは「音楽の方を変更できないか」ということだった。その部分は曲の間奏部分で、その4小節をリピートして8小節にすれば、移動に必要な時間を確保できることに気づいたのだ。

私がこれをバンドメンバーに提案すると、現場の空気は一瞬凍った。ミュージックビデオの撮影で、映像制作者側がアーティストに曲の変更を依頼するのは、常識で考えれば御法度だからだ。

しかし、私の提案を聞いたOK Goのメンバーは少し考えて、「曲の方を変えろって？ なんて素晴らしいアイデアなんだ！」と言って、その場で間奏を変更してしまった。その結果、私たちはその難所を乗り切ることができ、無事に完成したビデオは、OK Go史上最速でバイラルした作品となった。

こうした侵犯関係が、創造的な作品をつくる上では、極めて重要だ。一番最初に書いたように、知りすぎることは創造性に制限を与える。それを突破するには、専門家が素人のアイデアを受け入れる寛容さを持つことが重要だ。「侵犯する自由を

ルールにすること」が大切なのだ。

4　捨てろ

　新しいものをつくり出す上で、何かが犠牲になることは
ほぼ不可避だ。ものづくりチームのリーダーにとって必要なの
は、メンバーを大切にするあたたかい心ではなく、メンバー
がつくったクズをクズと言い切って大胆に捨ててしまう冷酷
さである。

　人間には承認欲求というものがある。自分を大切にしてほし
い、自分がつくったものを大切にしてほしいと考える心だ。こ
れが、創造的なプロセスにおいては、しばしば邪魔になる。

　たとえば、私の最も有名な作品のひとつに「森の木琴」とい
う作品がある。森の斜面に、44メートルの一直線の巨大な木琴
のような構造物がある。その上を重力で転がり落ちる玉が、そ
こに取り付けられた400枚以上の鍵盤の上を、順番に打鍵しな
がら落ちていくことによって、バッハの名曲を奏でていく作品
だ。

　この作品の制作過程で、この巨大な木琴を制作するメディア
アーティストが、単なる一直線の木琴ではなく、ルーブ・ゴー
ルドバーグ・マシンのように、さまざまな仕掛けを突破しなが

ら演奏した方が面白い、というアイデアを出した。もともとの
アイデアを考えたのは私だが、私は先に書いた通りこの手の領
域侵犯が嫌いではないので、それもやってみようということに
した。

　制作には3カ月以上かかった。メディアアーティストはその
多くの時間をループ・ゴールドバーグ・マシンの実現に費やし
た。自分のアイデアだから、それは当然だ。そして、原案の一
直線バージョンと、ループ・ゴールドバーグ・マシン・バージョ
ンのふたつがつくられ、撮影された。オフライン編集で、2本
の試写が終わったあと、スタッフ全員が私の顔を見た。彼らの
顔は「もちろん、ループ・ゴールドバーグですよね？」と言っ
ている。何しろ、そちらの方が手がかかったのだから、彼らか
らすれば、それが当然の結論だった。

　しかし、私の答えは違った。仕掛けものは興味深いが、一直
線だけのシンプルさこそが、この作品の魅力になると考えたの
だ。表現の純度において、圧倒的に秀でていると感じた。それ
をスタッフに伝えると、明らかにスタッフの顔は曇った。私の
考えを変えようと、みんなが私を説得しにかかった。それは当
然だ。自分たちが最も熱意をかけてつくったものが、現場にた
いして出てこないクリエイティブディレクターによって否定さ
れたのだから。

　ここで、私がスタッフの熱意を汲み取って妥協する、あたた

かいタイプの人間だったら、この作品の成功はなかっただろう。私はスタッフ全員の反対を押し切って、彼らの案をボツにしたが、その結果「森の木琴」は世界中の人から絶賛され、今では当時反対したスタッフも、自分の代表作としてポートフォリオの一番上に掲げる作品になった。

　ものづくりをするとき、特にものづくりのチームのリーダーとしてそれを行うとき、あなたに必要なのは「捨てる勇気」だ。捨てることは痛みをともなう。しかしながら、その痛みが最終的な成功につながると信じられるなら、勇気を持って、その痛みを受け入れてもらわなくてはならない。それが全員の幸せにつながると信じて。

5　寝ろ

　多くの人は勤勉は美徳であると考える。ところがものづくり、特にそのアイデアを考える段階においては、それは美徳ではなく、むしろ傲慢ですらあると私は考えている。

　このことを話すと、特に勤勉な若い人は、どうして一生懸命考えることがいけないのですか？と、私を責めてくる。一生懸命考えている、徹夜をしてまで考えている私のどこがいけないですのか、と喰ってかかってくるのだ。

しかしながら、こういう人たちは根本的な勘違いをしている。なぜなら、アイデアを考えているのは、彼ら自身ではなく彼らの脳であることを理解していないからだ。あなたは、あなた自身が考えている、そう信じて疑わないだろう。デカルトもそのようなことを言って歴史に名前を残した。そんな当たり前すぎることは誰も疑わない。しかしながら、そもそも「あなた」という意識そのものが、あなたの脳があなたに与えている限定的な思考空間にすぎないことが、現在の脳科学の研究では明らかになっている。あなたは、あなたの脳によってつくり出された、脳のしもべに過ぎないのだ。

　人間の脳は、あなたが考えている以上に、実にたくさんのことをしている。たとえばよく知られるのは、カクテルパーティー効果という現象だ。ざわざわと多くの人が会話をしているパーティー会場で、突然どこかで自分の名前が話されたのが耳に入ってくる経験をしたことがあるだろう。これは、あなたには喧騒にしか聞こえていないが、あなたの脳はそれらを常に聞きわけていて、あなたに関係があることだけ、必要なことだけを、あなたに送り込んでいるからなのだ。

　アイデアのつくり方、というような本を読めば、アイデアがふたつ以上のコンセプトの組み合わせに過ぎない、というようなことはよく説明されている。しかしながら、なぜそのような組み合わせが突然「ひらめく」のか、その原理については、まだあまりわかっていない。また、アイデアがうみ出されるため

には、それ以前にたくさんのインプットが必要なことや、リラックスした空間の中でアイデアがひらめきやすいことも、たいていどの本にも書かれている。

　では、なぜそのようなことが起きるのか。

　私の仮説はシンプルだ。「アイデアは、あなたがつくっているのではなく、あなたの脳が、あなたの意識の外でつくり出している」ということだ。

　人間の脳は、睡眠中に短期記憶と長期記憶を整理していて、夢はこの整理に関係していると言われている。私は、そのとき同時に、あなたの脳の中に「アイデア」がうまれていると考えている。睡眠は、夢とともに、アイデアをうみ出しているのだ。

　しかし、うまれたこのアイデアは、あなたという意識の外側にあるので、すぐには手に入らない。あなたの脳の中には存在しているが、あなたという意識の中には入ってきていない状態なのだ。なぜなら、翌朝目が覚めた後も、あなたの脳はフル活動する必要があり、そんなものをあなたに教えるヒマがないのだ。しかしながら、もしあなたがひとたびリラックスして、脳の情報処理の負荷を極端に下げてやると、脳は突然それをあなたの見えるところに置く。これが俗に言う「ひらめく」という現象だと、私は考えている。

こう考えると、多くのアイデアについての本が、アイデアはリラックスできる場所や閉鎖された空間（トイレやお風呂など）でうまれやすい、と説明していることと辻褄が合う。また、アイデアがうみ出される前提として、事前にたくさんのインプットが必要になることも説明できる。

　つまり、あなたの脳を働かせて、アイデアをうんでもらうためには、①まず、あなたがたくさんのインプットを行うこと、②睡眠をとることで、あなたの脳に、私たちが「アイデア」と呼んでいる新しいコンセプトの組み合わせをつくり出してもらうことが必要だ。そして、それを受け取るためには、③起きたあと、脳の負荷を下げて、脳が新しいコンセプトをあなたの意識に手渡す余裕をつくり出すことも必要なのだ。

　もちろん、多くの脳科学の知識と同様、これは仮説に過ぎない。しかしながら、私はこれを実践することで、これまで現実に多くのアイデアを得てきた。また、世界的に多くの優れたクリエイティブ企業が、リラックスできるオフィス空間に投資していることも説明できる。それは、単にかっこいいからでなく、実際に効果があるから行われている、と見るべきだ。

　ポイントはここだ。アイデアを考えているのは、あなたではなくあなたの脳だ。「自分自身が考えている」と考える傲慢さを捨てて、もっとあなたの脳の働きをリスペクトしよう。そして、脳の負荷について、その状態をケアするという発想をもつこと。

　現代の多くの人は、肉体をケアするためにフィットネスやダイエットを行う。しかしながら、脳をケアするという発想を持っている人は少ないだろう。あなたがものづくりにおいて、一歩人より秀でたいと考えるのであれば、「脳のフィットネス」を心がけるといいだろう。

6　Do not make another shit for shit.
　（無駄のための無駄をつくるな）

　まずは不適切なタイトルをお詫びしたい。ここは「誠実さ」についての話だ。

　私は20年以上、広告業界で働いているが、広告主に呼ばれてブリーフに行くと、その商品の多くは、Shitであることが多い（失礼！）。しかしながら、多くの広告代理店やデザイン会社は片目をつぶって「まぁ、これはなんてすばらしいShitなんでしょう」とお世辞を言い、Shittyな広告をつくり出す。そして毎年、南フランスに集まって、世界一のShitを決めるお祭りを行う。

　なぜ、そんなことをするのか。―― それはお金のためだ。要するに私たちは、お金のために、"another shit for shit"をつくり出す仕事をしている。これは、広告会社に限らず、ものをつくる企業がよくしてしまいがちなことだと思う。

私は、そろそろそんなことはやめにした方がいいのではないか、と思っている。グローバルなスケールで見れば、それはものづくり能力や資源の無駄遣いでしかない。

　広告主も、広告代理店も、デザイン会社も、すべてが同時に「メイカー」であると考えよう。メイカー同士が、本音ベースで向き合う「砂場」を囲んで、一緒に新しいものづくりに取り組む、というように考えたらどうだろう？　ここに集う参加者すべてが、これまで書いてきたように「知り過ぎず」「チームで考え」「お互いの領域侵犯を許容しあい」「捨てることにためらいを持たない」でいることができれば、私たちはきっと、もっともっといいものを、みんなでつくり出すことができる。

　そのためには、「正直であること」を美徳としなければならない。広告主であれ、広告会社であれ、デザイナーであれ、shitはshitと言わなければならない。そして、そう言われることに感情的にならず、それをいかによくしていくか、ということのみについて、共感し合わなければならない。

　ものづくりをする人は、正直であることを美徳とするべきだ。そうでなくては、本当にいいものをつくり出すことはできない。ちょっとしたお世辞や気配りが、創造を台無しにしてしまうのだ。

7　愛と尊敬

　最後に、ものづくりのゴールをどう設定するべきかについて話す。「いいもの」「人びとに共感されるもの」とは、論理的にはどういうものか、ということである。

　ブランドにせよ、プロダクトにせよ、芸術作品にせよ、エンターテイメントにせよ、人びとに共感されて、世の中に広まっていくものを決定づけるふたつの要因は、「愛」と「尊敬」だ。愛されることと、尊敬されること。このふたつの原理が、人間の共感や動機を形成している。

　しかし、なぜそのふたつなのか。私がこれらを根源的なものだと考えているのは、人間という生き物が「このふたつを評価するようにプログラムされている」と考えているからだ。別の言い方をすると、「愛」と「尊敬」を根源的な動機とすることで、人類という種は生き残ってきた、と考えているのだ。

　人間という生き物は、極めて脆弱な生き物だ。ライオンのように牙もなければ、カモシカのようにはやく逃げられる足も持っていない。こんな軟弱な生き物が野生の中で生き残り、地球を支配するまでに至ったのは、人間が「集団や組織を構成する生き物」だったからだ。そして、その集団や組織を成立させるのが、「愛」と「尊敬」というふたつの感情のプログラムだ。

人は同じ何かを愛する者同士で集団をつくる。家族であれ、国家であれ、フーリガンであれ、ブランドであれ、人間の集団は必ず「何か同じものを愛する集まり」として構成される。逆に言えば、「同じものを愛する相手に共感を持つ」という感情プログラムを人間が持っているから、人類は集団を構成するに至った。その結果、単独では勝ち目のない軟弱な生き物が、厳しい大自然の中で生き残る道を見つけたのだ（その感情プログラムを持たずに、集団を構成できなかったタイプの人類は淘汰されたと考えられる）。

　しかし単に集団になっただけでは、生き残る強さに直接は結びつかない。烏合の衆では意味がない。集団は、優れたリーダーに統率されることによって初めて強くなり、生き残りの道を見つけることができる。

　この優れたリーダーを見つけ出すための感情プログラムが「尊敬」だ。尊敬という感情プログラムを持つことで、人類は愛によって構成された集団を統率するリーダーをうみ出すことができたのだ（そして、そうした優れたリーダーを持つことができた人類だけが生き残った）。

　一般的には、愛や尊敬といった感情は、食欲や性欲などと比べるとかなり高度な感情のように思われている。しかしながら私は、このふたつは人類を生存させ続けた、かなり根源的な感情であると考えている。だからこそ人間は、このふたつを刺激

されたとき、否定できない高揚感を感じる。そして、言葉にできない忠誠心をつくり出すのだ。

　もしあなたが、ものづくりにおいて「いいもの」をつくりたいと考えるなら、この「愛」と「尊敬」を、価値判断の尺度として持つといい。自分がつくるものは、愛されるか、そして、尊敬されるか。このふたつの感情が、逆らうことのできない忠誠心をうみ出す。広告にせよ、ブランディングにせよ、プロダクトにせよ、アートにせよ、エンターテイメントにせよ、ものをつくる人であれば、このふたつの原理を忘れてはならないし、逆にこのふたつの原理を利用することで大きな成功を収めることができるとも言える。

　Appleにせよ、ビートルズにせよ、キューブリックにせよ、バンクシーにせよ、すぐれたメイカーたちが何を勝ち取っているかを考えてみて欲しい。結局のところ、それは「愛」と「尊敬」だ。なぜなら私たちは、このふたつを評価することをプログラムされた動物であり、それがゆえに生き残ってきたからだ。そして、それは根本的なものであり、現在でも何も変わっていない。

「いいものをつくろう」という言い方は少し漠然としている。人間が言う「いいもの」とは何か。それは、「愛されるもの、尊敬されるもの」のことだ。ものづくりの目的は、そういうものをつくり出そう、ということなのだ。

さて、どうやら紙数が尽きようとしている。私の話は少しランダムに聞こえたかもしれないが、何かをつくり出すという行為は、予定調和からはうまれない。体系化できない、言語化できない、ぬるっとして、ふわっとした言葉や行為の後ろにこそ、新しい創造のヒントがある。

　また、どこかでお話しましょう。さようなら。

口絵作品一覧

森の木琴　2011年
https://youtu.be/C_CDLBTJD4M

OK Go "I Won't Let You Down"　2014年
https://youtu.be/ulZB_rGFyeU

Honda. Great Journey.　2016年
http://hondagreatjourney.com/

POLA リクルートフォーラム　2016 年

https://youtu.be/A9SflR22sKQ

POLA リクルートフォーラム　2017 年

https://youtu.be/EDKdp-cbb88

POLA リクルートフォーラム　2018 年

https://youtu.be/QEDz5YH2ikk

日本は、義理チョコをやめよう。GODIVA　2018 年
LUX Social Damage Care Project　2020 年
Honda Green Machine　2008 年
Licca World Tour　2007 年

https://mori-inc.jp/

※すべての作品の詳細やクレジットは、
　株式会社もりのウェブサイトに掲載されています。

引用文献・資料

（1）サイモン・シネック
「優れたリーダーはどうやって行動を促すか」
TED　2009 年 9 月
https://www.ted.com/talks/simon_sinek_how_great_leaders_inspire_action?language=ja
（参照 2020 年 11 月 21 日）

（2）ログミー Biz
「一流のクリエイターの右脳と左脳の使い分け
マーケティングありきでは生まれない、市場をひっくり返すクリエイティブ」
2019 年 7 月 9 日
https://logmi.jp/business/articles/321510
（参照 2020 年 11 月 21 日）

（3）アドルフ・ヒトラー
『わが闘争（上）I 民族主義的世界観』
（平野一郎・将積茂訳、角川文庫、2016 年）
「宣伝の課題」より「宣伝は……その作用はいつもより多く感情に向かい、
いわゆる知性に対してはおおいに制限しなければならない。」部分、宣伝を
プロパガンダとし、よく言われている言い回しをふまえ要約。

（4）Jillian Forstadt
"Oscars: Read Bong Joon Ho's Best Director Acceptance Speech"
THE Hollywood REPORTER　2020 年 2 月 9 日
https://www.hollywoodreporter.com/news/transcript-
bong-joon-ho-best-director-oscars-2020-acceptance-speech-1277808
（参照 2020 年 11 月 23 日）

（5）Gregory Monro
"Kubrick by Kubrick"（2020 年）
NHKBS 世界のドキュメンタリー「キューブリックが語るキューブリック」
（参照 2020 年 6 月 18 日）

（6）Isaac Newton
"Isaac Newton letter to Robert Hooke, 1675"
HSP Digital Library　1675 年 2 月 5 日
https://digitallibrary.hsp.org/index.php/Detail/objects/9792
（参照 2020 年 12 月 23 日）

（7）柴田平三郎
『中世の春―ソールズベリのジョンの思想世界』
（慶應義塾大学出版会、2002 年）

（8）文部科学省
「平成 25 年秋の褒章　佐藤雅彦さんインタビュー：文部科学省 2013
Autumn Medal of Honor Ceremony Interview with Masahiko Sato」
文部科学省 /mextchannel　2014 年 3 月 11 日
https://youtu.be/i8bH-KkvC9w
（参照 2020 年 11 月 21 日）

（9）The Huffington Post
「マララ・ユサフザイさんノーベル賞受賞スピーチ全文
『なぜ戦車をつくることは簡単で、学校を建てることは難しいのか』」
HUFFPOST　2014 年 12 月 11 日
https://www.huffingtonpost.jp/2014/12/10/nobel-lecture-by-ma-
lala-yousafzai_n_6302682.html
（参照 2020 年 11 月 21 日）

(10) Paul Sen

　　 "Steve Jobs: The Lost Interview"（2012 年）

　　 「スティーブ・ジョブズ 1995 ― 失われたインタビュー」（2013 年）

(11) Doug Pray

　　 "Art & Copy"（2009 年）

　　 （日本語のセリフは著者による翻訳）

(12) 仲畑貴志

　　 「仲畑広告大賞 第三回受賞作 カネテツ／企業広告『私には、穴がある』篇」

　　 （ブレーン 2020 年 7 月号、宣伝会議、2020年）77 頁

(13) ACC

　　 「広告ロックンローラーズ　第十七回　箭内道彦 × 岡康道」2016 年 12 月

　　 http://www.acc-cm.or.jp/publications/acction/rock/2016.12/page3.html

　　 （参照 2020 年 11 月 23 日）

(14) すぐおわアドタイ出張所

　　 「澤本・権八のすぐに終わりますから。アドタイ出張所

　　 "バカ"と"くだらない"は最高の褒め言葉（ゲスト：馬場康夫さん）」

　　 宣伝会議アドタイ　2015 年 2 月 27 日

　　 https://www.advertimes.com/20150227/article183684/6/

　　 （参照 2020 年 11 月 23 日）

参考文献・資料

・アントニオ・R・ダマシオ
『感じる脳　情動と感情の脳科学　よみがえるスピノザ』
（田中三彦訳、ダイヤモンド社、2005 年）

・大平英樹
「感情的意思決定を支える脳と身体の機能的関連」2014 年 4 月 7 日
https://www.jstage.jst.go.jp/article/sjpr/57/1/57_98/_pdf
（参照 2020 年 11 月 21 日）

・河村鳴紘
「マンガ・アニメ・ゲームの市場比較　一番大きいのは？」 2020 年 8 月 14 日
https://news.yahoo.co.jp/byline/kawamurameikou/20200814-00193032/
（参照 2020 年 12 月 19 日）

・Kevin Roberts
"Lovemarks: the future beyond brands"
（powerHouse Books, Revised Edition 2005）

・サイモン・シネック
「優れたリーダーはどうやって行動を促すか」 TED　2009 年 9 月
https://www.ted.com/talks/simon_sinek_how_great_leaders_inspire_action?language=ja
（参照 2020 年 11 月 21 日）

・サイモン・シネック
『WHYから始めよ！インスパイア型リーダーはここが違う』
（栗木さつき訳、日本経済新聞出版、2012 年）

・GQ JAPAN 編集部
「『GoPro』の創業者は一体どんな男か？」 2014 年 9 月 24 日
https://www.gqjapan.jp/life/interior/20140919/go-pro
（参照 2020 年 11 月 21 日）

・新川和江
『わたしを束ねないで』（童話屋、1997 年）

・Tsukushi/ 広告代理店
「5 /29 岡康道という人」 2019 年 5 月 29 日
https://note.com/19830000/n/n25e7e1e3ca22
（参照 2020 年 11 月 21 日）

・西堤優
「ソマティック・マーカー仮説について
─アイオワ・ギャンブル課題の解釈をめぐる問題─」 2010 年
https://www.jstage.jst.go.jp/article/jpssj/43/1/43_1_1_31/_pdf/-char/ja
（参照 2020 年 11 月 21 日）

・Michel Ciment
"Kubrick on Barry Lyndon" Three Interviews with Stanley Kubrick 1982 年
http://www.visual-memory.co.uk/amk/doc/interview.bl.html?LMCL=zwIZ1K
（参照 2020 年 11 月 21 日）

・ロバート・B・チャルディーニ
『影響力の武器 [第三版]：なぜ、人は動かされるのか』
（社会行動研究会訳、誠信書房、2014 年）

【著者略歴】

原野守弘（はらの・もりひろ）

株式会社 もり
代表 / クリエイティブディレクター
電通、ドリル、PARTYを経て、2012年11月、株式会社もりを設立、代表に就任。
「NTTドコモ：森の木琴」「OK Go：I Won't Let You Down」「Honda. Great Journey.」
「POLAリクルートフォーラム」「日本は、義理チョコをやめよう。GODIVA」などを
手がける。TED：Ads Worth Spreading、MTV Video Music Awards、D&AD
Yellow Pencil、カンヌ国際広告祭 金賞、One Show 金賞、Spikes Asia グランプリ、
AdFest グランプリ、ACC グランプリ、グッドデザイン賞 金賞、Penクリエイター
アワード2017など、内外で受賞多数。

https://mori-inc.jp/

ビジネスパーソンのためのクリエイティブ入門

2021年2月1日初版発行
2021年4月9日第4刷発行

発行　株式会社クロスメディア・パブリッシング

発行者　小早川 幸一郎
〒151-0051　東京都渋谷区千駄ヶ谷4-20-3 東栄神宮外苑ビル
https://www.cm-publishing.co.jp
■ 本の内容に関するお問い合わせ先 ………………… TEL (03)5413-3140／FAX (03)5413-3141

発売　株式会社インプレス

〒101-0051　東京都千代田区神田神保町一丁目105番地
■ 乱丁本・落丁本などのお問い合わせ先 …………… TEL (03)6837-5016／FAX (03)6837-5023
service@impress.co.jp
（受付時間　10:00～12:00、13:00～17:00　土日・祝日を除く）
※古書店で購入されたものについてはお取り替えできません
■ 書店／販売店のご注文窓口
株式会社インプレス　受注センター ……………………… TEL (048)449-8040／FAX (048)449-8041
株式会社インプレス　出版営業部…………………………………………… TEL (03)6837-4635

カバー・本文デザイン　木谷友亮（カイブツ）　　　デザイン協力　金澤浩二
DTP　荒好見　　　　　　　　　　　　　　　　　印刷・製本　中央精版印刷株式会社
©Morihiro Harano 2021 Printed in Japan　　　ISBN 978-4-295-40496-5 C2034